알아두면 유익한

소비자 분쟁 해결 실무

국립중앙도서관 출판시도서목록(CIP)

(알아두면 유익한) 소비자 분쟁 해결 실무 / 저자: 허영희
. -- 서울 : 비앤엠북스, 2013
p. ; cm

ISBN 978-89-6821-010-5 93360 : ₩15000

소비자 분쟁 조정[消費者紛爭調整]

335.9-KDC5
381.3-DDC21 CIP2013016919

알아두면 유익한 소비자 분쟁 해결 실무

허 영 희

알아두면 유익한
소비자 분쟁 해결 사례들이
현명한 소비생활의 지침이 되기를…

비앤엠북스

머리말

우리는 물품이나 용역을 구입하여 사용하거나 이용하는 과정에서 단순한 불만에서부터 품질의 하자 또는 결함, 사업자의 위법행위나 부당권유 행위 등으로 인하여 생명이나 신체상의 손해와 재산상의 손해를 경험하기도 합니다.

최근 들어 소비자 피해가 발생하는 유형이 나날이 복잡해지고 있습니다. 또한 건강식품에서부터 학습지, 자동차, 숙박, 렌탈, 여객운송, 상조, 보험, 이동통신, 미용시술, 수선·염색, 번역 등 다양한 품목에서 소비자 피해가 발생하고 있습니다.

직접 자신이 이러한 피해를 경험할 경우 어떻게 대처해야 할지 모른다면 당황스러워지기 마련입니다. 어떤 사람은 그저 "재수 없다"고 생각하고 권리 찾기를 아예 포기해 버리기도 합니다. 쉽게 권리 구제를 받을 수 있는 절차와 방법이 있는데도 잘못 대처하여 권리를 구제받을 수 없는 경우도 있습니다. 위약금 없이 소비자의 청약을 철회할 수 있는 권리가 법률에 규정되어 있지만, 이를 알지 못해 기간이 지나서 쓸데없는 물건을 반품도 못하고 집 한쪽 구석에 처박아 두는 일도 있습니다. 이와 같은 일들은 현명한 소비자라면 겪지 않아도 되는 것들입니다.

다행히도 요즘은 소비자 스스로 권리를 보호할 수 있는 다양한 정보를 오프라인으로 공유할 수 있고, 소비자피해를 구제하기 위한 정부나 지자체 차원에서의 정책과 민간 소비자단체의 지원이 있기 때문에 관심만 있으면 침해된 권리를 구제받을 수가 있습니다.

이 책은 소비생활을 하는 과정에서 발생될 수 있는 소비자 피해 사례를 다루었습니다. 한국소비자원에서 취급한 분쟁과 그 해결사례를 기초 자료로 하되, 꼭 필요한 것만 품목별로 선별하여 내용을 첨삭하였습니다.

이 책은 총 11장으로 구성되어 있습니다. 제1장은 식품, 제2장은 보건·의료, 제3

장은 주거·시설, 제4장은 가전·생활용품, 제5장은 의류·세탁, 제6장은 자동차·기계류, 제7장은 정보통신, 제8장은 금융·보험, 제9장은 교육·문화, 제10장은 레저·스포츠, 제11장은 관광·운송 관련 소비자 피해 사례들을 다루었습니다.

부록에서는 품목별 소비자분쟁 해결 기준과 소비자피해구제 신청서식을 첨부했습니다.

이 책을 접하게 되면, 소비자 분쟁을 경험했을 때 어떻게 해결할 수 있는지 예견할 수 있습니다. 그래서 자신의 소중한 권리를 스스로 찾을 수 있는 방법과 절차를 찾을 수 있습니다.

출간을 허락해주신 비앤엠북스 정광식 사장님과 정경식 부장님, 편집부 직원께 진심으로 감사드립니다.

2013년 8월
진주 상문골 연구실에서
허영희

차례

PART 1

식품 관련 소비자 피해 구제 사례

사례 1 일방적으로 물품을 보내고 대금지급을 강요하는 경우

'신상품 출시 기념으로 시음용 샘플을 무료로 보내줄 테니 입소문을 내달라'는 전화를 받고 주소를 알려줬는데, 샘플이 아닌 정품이 배달되고 20만원을 입금하도록 돼 있어 판매자에게 반품을 요구하였으나, 이를 거절하며 오히려 기한 내 입금하지 않으면 위약금 10만원을 추가로 내라고 한다. 어떻게 해야 할까?

TIP 구입의사가 없는 물품이 배송되거나 당초 설명과는 달리 대금이 청구되는 경우에는 섣불리 포장을 뜯거나 물품을 훼손하지 말고 계약서를 받은 날부터 14일(다만, 그 계약서를 받은 날보다 재화 등이 늦게 공급된 경우에는 재화 등을 공급받거나 공급이 시작된 날부터 14일), 계약서를 받지 않은 경우에는 사업자의 주소를 안 날로부터 14일 이내에 서면(내용증명 우편(으로 청약철회를 요청하고, 사본을 보관해두면 된다.

이때 물품이 분식되거나 훼손되는 경우 불이익을 받을 수 있으므로 판매자와 연락이 되지 않은 상태에서 임의로 물품을 반송시키지 않는 것이 좋다. 특히 무료, 당첨 등을 빙자한 건강식품 텔레마케팅 피해를 예방하려면 무엇보다도 텔레마케터의 말에 현혹되어 섣불리 자신의 인적사항, 주소 등 개인정보를 알려주지 않아야 한다.

사례 2 전자강거래로 구입한 건강식품 반환 요구

전자상거래로 체중감량을 목적으로 다이어트식품 두 종류를 40만원에 구입하기로 하고 카드할부로 결제하였다. 이후 지인들의 충고 등으로 충동 계약임을 인지하고 계약해제를 요구하였으나 판매자는 이미 제품을 개봉하였다는 이유로 거부하고 있다. 물품 배송 시 제품을 확인하기 위해 겉 박스만 개봉하였으며 내용물은 개봉하지 않았다. 이 경우 반품을 할 수 없는가?

TIP 「전자상거래 등에서의 소비자보호에 관한 법률」은 재화 등의 내용물을 확인하기 위하여 포장 등을 훼손한 경우에는 청약철회를 제한할 수 없도록 명시하고 있으므로 반품이 가능하다. 또한 제품을 반환할 때 소요되는 비용은소비자가 부담하여야 한다.

사례 3 미성년자가 노상에서 체결한 다이어트 식품 구입계약 취고

미성년자인 고등학생 딸이 일주일 전 길거리에서 특판 기간 동안에 구입가격의 50%를 할인해 준다는 판매원의 권유로 건강식품을 50만원에 할부로 구입하기로 약정하고 2만원을 계약금으로 지급하였다. 계약금 지급 당시 판매원이 제품을 개봉해서 복용방법 등을 설명하여 일부 섭취하였으나 제품에 대해 신뢰성도 떨어질 뿐만 아니라, 미성년자가 계약을 한 부분에 문제가 있다고 여겨지는데, 물품을 반환할 수 있을까?

TIP 현행 「민법」상 미성년자는 만19세에 달하지 않은 자를 말한다. 미성년자가 계약을 체결하기 위해서는 법정대리인의 동의를 얻어야 하는데, 법정대리인의 동의없이 행한 법률행위는 미성년자 본인이나 법정대리인이 취소할 수 있다.

미성년자임을 이유로 계약이 취소된 경우 현존 이익의 한도 내에서 반환할 의무가 있다. 따라서 미성년자인 고등학생 딸이 구입한 다이어트 식품에 대해서는 취소가능하며, 현상 그대로 반환하면 된다.

사례 4 판매방식이 두 가지 이상인 경우 청약철회

얼마 전 전화를 통해 권유를 받은 안마의자를 100만원에 10개월 할부로 결재한 후 구입하였다. 물품을 받아보니 사용방법도 조잡하고 생각보다 비싼 것 같다는 생각이 들어서 반품을 하려고 한다. 이 경우 청약의 철회기간은?

TIP 판매방식이 두 가지 이상인 경우 청약철회기간이 긴 법률을 적용하여 청약을 철회하면 된다. 예컨대, 위 사례의 경우 전화상 상품구매 권유를 받은 후 그 상품을 할부로 구입한 경우라면, 「방문판매 등에 관한 법률」이 적용될 수 있고,

할부로 결재하였으므로「할부거래에 관한 법률」도 적용될 수 있다. 이 두 법은 청약의 철회제도를 두고 있는데,「할부거래에 관한 법률」에서는 청약의 철회기간이 7일,「방문판매 등에 관한 법률」은 14일이다.

따라서 사례의 경우「할부거래에 관한 법률」보다는「방문판매 등에 관한 법률」을 적용하여 14일의 철회 기간 내에 청약을 철회하는 것이 소비자에게 유리하다.

사례 5 방문판매로 구입한 건강기능식품의 청약철회

보건소에서 나왔다고 하여 방문판매원에게 문을 열어주고 설문조사에 응하였다. 응답내용을 살펴본 방문판매원은 소비자가 건강이 좋지 않은 상태라며 건강식품을 권유하면서 특별할인을 받을 수 있으며, 복용한 후 효과가 없을 경우 반품이 가능하다고 설명하였다. 이에 형식적으로 계약서를 작성한다는 판매원의 말만 믿고 계약서 내용을 제대로 읽어보지 않은 채 계약서에 서명한 후 건강식품을 받았으나 마음이 바뀌어 반품하고자 연락하니 거절당했다. 이후 약 200만원 상당의 대금을 청구하는 지로용지가 배송되었다. 반품할 수 있는 방법은 없는가?

TIP 최근 인터넷이나 케이블TV 등을 통해 특정식품을 마치 만병통치약인양 선전하여 이를 과신한 소비자가 구입 후 피해를 입는 경우가 다수 발생하고 있으니 주의가 필요하다.

「방문판매 등에 관한 법률」에 의하면 소비자는 계약일로부터 14일 이내에 청약철회를 요청할 수 있다. 방법은 내용증명우편을 이용해야 나중에 입증관계가 쉽다. 대금을 신용카드로 결제한 경우라면 신용카드사에도 동일 내용을 보내 청약철회 절차에 따른 대금처리를 요청해야 한다.

사례 6 소멸시효가 경과된 물품의 대금을 요구하는 경우

6년 전 방문판매원으로부터 건강기능식품을 구입한 일이 있다. 그동안 아무런 청구도 없다가 며칠 전 외상대금 55만원을 갚으라는 내용증명이 배달되었다. 세월이 너무 지나 확실한 기억은 없지만 당시 대금을 완납한 것으로 기억되는데 영수증은 보관하고 있지 않다. 이 경우 대금을 다시 지급해야 하는가?

TIP 민법과 상법에는 채권자가 일정한 기간 동안 자신의 권리를 행사하지 않을 경우 그 권리를 소멸시키도록 하는 소멸시효제도를 두고 있다.

「민법」에서 규정하고 있는 소멸시효의 기간은 채권의 종류에 따라 1년, 3년(생산자 및 상인이 판매한 생산물 및 상품의 대가), 10년 등으로 차이가 있으며, 「상법」에서는 모든 상행위로 인한 채권의 소멸시효 기간은 5년으로 규정되어 있다. 따라서 6년 전에 구입한 물품의 대금을 지급하지 않았다 하더라도 이 경우는 「민법」에 규정된 생산자 및 상인이 판매한 생산물 및 상품의 대가에 해당하여 이미 채권의 소멸시효가 완성되었으므로 대금을 지급하지 않아도 된다.

사례 7 다이어트 식품 부작용으로 인한 피해 보상

한 달에 4~8㎏ 감량이 확실하며 체내에 가장 적합한 다이어트 식품이라는 광고를 보고 효소식품을 구입하여 복용하였으나 체중은 감소되지 않고 오히려 가벼운 설사, 복통 등의 부작용이 나타나곤 한다. 보상받을 수 있는가?

TIP 허위·과장 광고로 판명되거나 부작용이 해당 식품의 복용으로 인한 것임이 입증되면 구입가 환급, 치료비 및 경비 등을 보상받을 수 있다. 구입한 식품 의약품의 광고가 허위, 과장광고인지 여부는 보건복지부에서 판정한다.

다이어트 관련 식품의 경우「식품위생법」에 따라 '특수영양식품'으로 분류되는데, 특수영양식품은 일반식품과는 달리 유아·병약자·비만자 등 특수한 용도에 제공할 목적으로 제조 시판되는 식품을 말한다. 그런데 이러한 식품의 효능 및 부작용은 개인의 체질에 따라 상당히 다르게 나타나므로 다이어트 관련 식품의 구입 복용에 상당한 주의가 요구된다.

사례 8 반품을 요구하니, 과도한 위약금을 청구하는 경우

방문판매원의 권유로 건강식품 구입계약을 하고 76만원을 납부하기로 하였다. 구입 당시 판매원이 포장박스를 가져가고 식품 중 일부를 먹도록 유도해 먹었으나, 구입할 의사가 없어져서 판매원에게 전화하여 반품을 요청하니, 대금의 50%를 위약금으로 내라고 한다. 어떻게 해야 할까?

TIP 현행 「방문판매 등에 관한 법률」에 의하면 방문판매로 물품을 구입한 경우 물품을 받은 날로부터 14일 이내에 청약철회를 할 수 있다. 청약철회는 서면(내용증명 우편)으로 하는 것이 좋다. 전화로 할 경우 판매업체에서 처리를 지연하다가 나중에는 청약철회기간(14일)이 지났다며 반품을 거절할 수 있기 때문이다. 만일 판매업자의 주소를 알지 못하는 경우는 주소를 안 날 또는 알 수 있었던 날로부터 14일 이내에 청약철회서를 발송하면 된다.

사례의 경우처럼 제품 중 일부를 개봉했거나 섭취하였다면 그 부분에 대한 비용을 부담하는 정도에서 반품처리를 받을 수 있다.

사례 9 이물이 발견된 식품의 보상 절차

동네 슈퍼에서 X회사 제품의 빵을 구입하여 섭취하다가 검은 이물을 발견하게 되었다. 어디에 신고를 해야 하고, 어떻게 피해보상을 받을 수 있는가?

TIP 소비자가 식품을 섭취하던 중 이물을 발견하면, 식품의약품안전청 홈페이지(www.kfda.go.kr) '식품안전소비자신고센터'에 신고하거나, 전국 어디서나 국번 없이 '1399'로 전화하면 해당 시·군·구청 식품위생 담당부서(위생과)로 연결된다.

관할 행정기관에서는 소비자 신고내용에 대해 이물 종류, 이물 상태, 이물 발견 경위 등 관련 사실, 소비자 부주의에 따른 이물 혼입 가능성, 증거제품 보관 여부 등을 확인하고 이물 혼입 원인조사를 거쳐 원인을 밝히게 된다.

이물 혼입의 원인이 식품 제조 또는 유통업체 책임으로 밝혀지면 이물혼입 원인 조사 결과, 서류를 구비하여 소비자 피해구제를 신청할 수 있다. 제품 구입에 따른 반품 및 환불 등 소비자 피해구제는 소비자기본법 등에 따라 이루어지며, 공정거래위원회가 운영하는 '1372 소비자상담센터'에 전화상담(국번없이 ☎1372)을 하거나 가까운 시·군·구 소비자상담실에 문의하면 된다.

사례 10 제품의 박스를 개봉했다는 이유로 반품을 거절하는 경우

집을 방문한 판매원의 집요한 권유로 건강식품을 구입하였다. 계약당시 방문판매원은 제품을 확인해보라며 박스를 개봉하고 복용을 권유하여 몇 개를 복용하였으며, 박스는 쓰레기이므로 자신이 버려준다며 가져갔습니다. 이후 건강식품을 구입할 의사가 없어 계약해제를 요구하니 박스가 훼손되었다는 핑계로 반품을 거절하고 있다. 어떻게 해야 할까?

TIP 「방문판매 등에 관한 법률」 제8조에 의하면 방문판매로 소비자가 건강식품 등을 구입했을 경우 판매자는 판매과정에서 소비자가 제품을 일부 복용한 것이 청약철회를 할 수 없는 사유가 될 경우 판매제품이 아닌 샘플 제품을 먹어보도록 해야 하며 이를 이행하지 않은 경우 청약철회가 가능하도록 하고 있다.

또한 박스가 훼손된 경우에도 박스 훼손이 청약철회를 방해하는 내용이라면 사전에 소비자에게 설명해야하며 이를 이행하지 않을 경우에는 청약철회가 가능하며, 더욱이 영업사원이 박스를 폐기하였다면 그 책임은 판매자에게 있다. 따라서 소비자는 제품을 구입한날로부터 14일 이내에 내용증명우편을 이용하여 청약철회를 요청하면 된다.

PART 2

보건·의료 관련 소비자 피해 구제 사례

사례 1 피부과 시술계약 중도해지에 따른 환급 요구

> 미용 목적으로 피부과에서 레이저시술 패키지상품을 시술받기로 하고 150만원을 지불하였다. 총 10회 시술이었는데 개인적인 사정으로 3회 시술을 받은 현 시점에 시술을 중단하고 싶은데 남은 금액을 돌려받을 수 있을까?

TIP '소비자분쟁해결기준'에 따르면, 미용 목적의 피부과 시술 및 치료의 계약 해지와 관련하여 서비스 횟수로 계약한 경우에는 치료 횟수에 해당하는 금액을 공제하고 환급을 하도록 하고 있다. 이에 따르면, 소비자의 책임 있는 사유로 인한 계약해지 시에는 치료 개시 이전이라면 계약금의 10% 배상 및 전액 환급, 치료 개시 이후라면 해지일까지 치료횟수에 해당하는 금액을 공제하고 총 치료비용의 10%를 배상하도록 되어 있다.

따라서 본 사안의 경우에는 3회 시술비용에 해당하는 45만원과 총 치료비의 10%에 해당하는 15만원을 공제한 금 90만원 환불을 요구할 수 있다.

♣ 피부과 시술 · 치료(미용 목적의 치료에 한함) 관련 소비자분쟁 해결기준

분쟁유형	해결기준	비고
1)사업자의 책임 있는 사유로 인한 계약해제		– 서비스 횟수로 계약한 경우 치료횟수에 해당ㅇ하는 금액 공제 후 환급 – 다만 계약금이 시술 및 치료비용의 10%를 초과하는 경우, 배상 및 환급 기준 계약금은 시술 및 치료비용의 10%를 기준으로 산정
– 치료 개시 이전	계약금 반환 및 계약금의 10% 배상	
– 치료 개시 이후	해지일까지 치료횟수에 해당하는 금액 공제 후 기 수납한 금액 환급 및 치료금액의 10% 배상	
2) 소비자의 책임 있는 사유로 인한 계약해제		
–치료 개시 이전	계약금의 10% 환급	
– 치료 개시 이후	해지일까지 치료횟수에 해당하는 금액과 총 치료비용의 10% 배상	

사례 2 수술 예약 후 수술 취소에 따른 계약금 환급 여부

30대 여자로 성형외과에서 쌍꺼풀 수술을 받기로 예약을 하였고, 계약금을 일부 지불하였다. 그런데 개인적인 사정으로 수술을 받을 수가 없게 되어 수술 예정 1주일 전에 병원에 수술취소를 요구하면서 계약금의 환불을 요구하니, 병원에서는 검사비를 제외하고 환급을 해준다고 한다. 검사비를 내야 하는가?

TIP 성형수술 계약금의 경우 수술 예정 3일 이전까지만 수술 취소 의사를 밝히면 계약금의 90%는 환급받을 수 있다. 그러나 수술 전 검사를 한 사실이 있다면 검사비용은 별도로 납부하여야 한다.

사례 3 레이저 제모시술 후 화상이 발생한 경우

40대 여성으로 피부과에 내원하여 상담 후, 양측 액와부에 제모시술을 받았으나, 시술 직후 통증이 심하여 냉찜질을 받았다. 이후에도 통증이 지속되어 다른 피부과를 통해 진료를 받았더니 화상 후 상태, 염증 후 과색소 침착으로 진단되어 최소 5회 이상의 레이저 토닝시술이 필요하다고 하는데, 화상에 대해 손해배상을 요구할 수 있는가?

TIP 레이저 제모시술이란 제모 전용 레이저를 이용한 제모시술을 통해 장기간 제모효과를 볼 수 있는 시술을 말한다. 하지만 제모 시 개인의 털의 굵기나 숱, 피부상태에 따라 제모 시술 효과가 미흡하거나 부작용이 발생할 수 있어서 이에 대한 충분한 설명이 필요하다.

사례의 경우, 제모시술 후 화상이 발생한 원인은 레이저 시술시 에너지가 과다하여 발생한 것으로 추정되며, 시술 전 화상의 가능성에 대해 설명이 이루어지지 않았다면 화상과 과색소 침착이 발생한 것에 대해 보상을 요구할 수 있다.

사례 4 산후조리원 이용 중도해지시 환급 여부

7월초에 출산예정일(8월30일)에 맞춰 산후조리원을 2주간 이용하기로 계약하고 총 이용금액 99만원 중 계약금으로 15만원을 지불했다. 그런데 개인사정으로 집에서 산후조리를 하게 되어 7월중순경 해약을 요구하니 자체 규정상 10일 이내에 해약을 하면 전액 환급이 되지만 10일이 지나서 환급이 안 된다고 한다. 어떻게 해야 할까?

TIP '소비자분쟁해결기준'에 따르면, 산후조리원 입소 전 계약해제 시 사업자의 귀책사유로 인한 경우에는 계약금 환급 및 계약금의 100%를 배상 받을 수 있다. 소비자의 귀책사유로 인한 해약 시에는 통보일자에 따라 환급금액을 다르게 정하고 있는데, 입소예정일 전 31일 이전 또는 계약 후 24시간 이내에는 소비자는 계약금 전액을 환급 받을 수 있고, 입소예정일전 21일~30일까지는 계약금의 60%를, 10일~20일은 계약금의 30%, 9일 이후 해약통보시에는 계약금을 환급 받을 수 없다. 이 때 총 이용금액의 10%를 초과하여 계약금을 지불한 경우에는 초과되는 금액은 전액 환급하고, 그 나머지는 보상기준에서 정한 비율에 따라 환급하도록 정하고 있다.

참고로 입소 후 사업자의 귀책사유로 계약해제 시에는 사업자는 총 이용금액에서 이용기간에 해당하는 요금을 공제한 잔액을 환급하고, 총 이용금액의 10%를 배상해야 하며, 소비자의 귀책사유로 인한 경우에는 소비자는 총 이용금액에서 '이용기간에 해당하는 요금+총 이용금액의 10%'를 공제한 잔액을 환급 받을 수 있다.

사례 5 임플란트 시술 후 이식체 탈락

60대 남성으로 치과에서 임플란트 시술을 받았는데 7개월 만에 이식체가 탈락되었다. 보상을 받을 수 있을까?

TIP 임플란트 시술 관련 소비자분쟁해결기준에 따르면, 시술 1년 내 이식체가 탈락한 경우 재시술 비용을 병원에서 부담하도록 하고 있으며, 1년 내 2회

반복 탈락시 치료비 전액을 환급해 주도록 하고 있다.

위 사례의 경우, 시술 7개월 만에 이식체가 탈락되었으므로 병원측에 재시술을 요구할 수 있으며, 최초 시술시 1년 내에 또 다시 이식체가 탈락될 경우 치료비 전액 환급을 요구할 수 있다.

♣ 임플란트 관련 소비자분쟁 해결기준

분쟁유형	해결기준	비고
1) 시술 후 1년까지	정기 검진 (환자비용 부담 없음)	다음과 같은 소비자의 사유에 대해서는 병원에서 별도의 비용청구가 가능 ① 환자의 진료비 지급이 지체되어 치료가 중단된 경우 ② 환자가 정기검진을 2회 이상 어긴 경우 ③ 환자가 자신의 병력을 제대로 고지하지 않은 경우 ④ 환자가 다른 외상이나 질병에 의해 영향을 받은 경우 ⑤ 환자의 부주의에 의해 이식체, 나사 및 보철물의 탈락이 발생한 경우 다음과 같은 소비자의 사유에 대해서는 병원에서 별도의 비용청구가 가능
2) 시술 1년 내 탈락		
–이식체 탈락	재수술(비용은 병원부담), 2회 반복시 치료비 전액 환급	
–보철물 탈락	재장착(비용은 병원부담)	
–나사 파손	나사교체(비용은 병원 부담), 3회 반복시 환자는 타 의료기간 선택 가능. 이에 소요되는 치료 비용은 당초 치료한 의료기관에서 부담	

사례 6 건강검진 결과 통보 관련 피해보상 가능 여부

45세 전업주부로 국민건강보험공단에서 실시하는 건강검진을 받고 건강검진 결과를 일주일 뒤에 우편으로 통보받았다. 소견 및 조치사항에 "흉부사진상 좌하엽종괴–내과상담 요망"이라는 내용으로 기록되어 있었으나 병원에서 특별한 연락이 없어 그냥 지냈다. 8개월 뒤 등이 아파서 다른 병원에 가서 검사를 받았는데 폐암 4기라고 한다. 건강검진을 받고도 특별한 전화연락이 없었는데 피해보상을 받을 수 있을까?

TIP 검진기관은 건강검진 후 15일 이내 건강검진 결과를 주소지로 통보하게 되어 있다. 건강검진 결과통보서를 받았고, 소견 및 조치사항에 "흉부사진상 좌하엽종괴-내과상담 요망"이라는 내용이 있었으나 병원을 방문하지 않았다면 병원에서 검진결과를 부적절하게 통보하였다고 보기 어려워 피해보상을 요구하기 어려울 수 있다.

다만, 건강검진결과가 잘못 통보되었거나, 지연 통보되거나, 통보되지 않는 등으로 인해 피해가 발생할 경우에는 사안에 따라 보상을 요구할 수 있다.

사례 7 쌍꺼풀 재수술의 경우 보상 여부

20대 여성으로 성형외과에 쌍꺼풀 수술을 받았다. 그런데 수술 후 피부가 당겨지는 느낌이 들고, 라인이 너무 커서 극히 불량한 외모로 상당한 정신적인 스트레스를 받다가 결국 재수술까지 받았는데 병원측에 보상을 요구할 수 있을까?

TIP 미용성형수술은 '질병 치료'라는 목적을 배제하고 환자의 '개인적인 심미적 만족감을 충족시키기 위한 목적'으로 구체적 결과가 예정된 채 시행되어진다는 점에서 일반적인 의료행위와는 분명한 차이가 있다. 또한 의학적 필요성 및 긴급성이 없으므로 상당한 수준의 설명의무 및 주의의무가 요구되어지고 있다.

따라서 상당한 수준의 설명 및 주의를 다했다는 점이 객관화되지 않은 경우 라면, 병원은 재수술에 대한 보상 책임이 있다고 할 수 있다.

사례 8 수술동의서의 법적 효력

68세인 어머니가 척추협착증으로 수술을 받는 과정에서 과다출혈이 발생되어 20팩 이상의 수혈을 받았으나 사망하였다. 병원 측에서는 수술 전 검사에서 이상이 없었고, 출혈 발생 후 수혈을 하는 등 적절한 처치에도 불구하고 사망하였기 때문에 불가항력적이며, 더구나 수술 전에 사망 가능성을 설명하고 이후 발생하는 사태에 대하여 책임을 묻지 않기로 약정을 하였기 때문에 보상책임이 없다고 주장한다. 수술 전에 설명을 듣고 동의를 하였다고 해서 환자의 사망에 따른 보상을 병원 측에 요구할 수 없는가?

TIP 수술 후 발생할 사태에 대하여 책임을 묻지 않는다는 내용의 수술동의서는 수술 의사가 수술상 최대한의 주의를 다 하였음에도 수술 결과가 좋지 않은 경우에 이에 대한 책임을 묻지 않는다는 것이지, 수술의사의 과실로 인하여 피해가 발생하였을 경우의 보상책임까지 포기한다는 취지는 아니다.

따라서 수술중 20팩 이상의 수혈이 이루어 진 것은 큰 혈관이 손상되었을 가능성이 있고 출혈에 따른 지혈을 효과적으로 하지 못한 의료상 과실로 인해 환자가 사망하였다면 수술 후 결과에 책임을 묻지 않겠다는 수술동의서를 작성하였다고 할지라도 병원 측에 보상을 요구할 수 있을 것이다.

사례 9 코 성형수술 후 부작용 발생시 손해배상 요구

30대 가정주부로 수술 전 고어텍스는 부작용이 거의 없고 인체에 가장 적합한 재료라는 설명을 듣고 성형외과에서 고어텍스를 이용한 코 성형수술을 받았다. 그런데 3개월 후 수술부위에 염증이 발생하여 계속 염증치료를 받았으나 좋아지지 않아 결국 고어텍스 제거수술을 받아야만 했다. 코를 높이기 위한 복석으로 수술을 하였지만 염증으로 인해 보형물을 제거했으므로 현재 수술의 목적을 달성하지 못하였고, 두 번의 수술을 통해 육체적 · 정신적 고통을 받게 되었는데, 수술비를 비롯한 피해보상을 받을 수 있을까?

TIP 고어텍스와 같은 보형물 삽입 후 인체조직 내에 염증반응이 발생한 경우 비세균성 자가면역 반응에 의한 이물 반응이나 수술과정에서 세균감염이 원인으로 생각할 수 있으므로 우선 염증발생 원인을 명확하게 확인해야 한다. 하지만 현실적으로 성형수술 후 염증발생에 대한 명확한 원인을 밝히기란 쉽지 않다.

시술상의 부주의로 염증이 발생하였음이 객관적으로 입증이 된다면 그에 따른 피해보상을 요구할 수 있으나, 사전 예측이 어려운 체질적 소인에 의한 이물 반응으로 염증이 발생하였다면 과실을 묻기 어렵다. 그러나 성형수술 전 부작용(염증) 및 효과 등에 대한 사전 설명이 없었음이 객관적으로 입증된다면 설명의무 소홀에 대한 피해보상을 요구할 수 있을 것이다.

사례 10 가슴수술 후 감염으로 인한 보형물 제거시 보상 요구

50대 여성으로 유방확대성형술을 받은 후 MRSA(메치실린내성황색포도상구균)에 의한 수술부위의 감염 및 조직의 괴사가 발생하여 약 15개월간 항생제 투여를 받고, 괴사조직제거술 등 수차례의 수술을 받았으나 증상이 호전되지 않았다. 결국 보형물을 제거하게 되었고, 피부결함도 발생하였다. 병원측에 보상을 요구할 수 있을까?

TIP 사례의 경우 MRSA균 검출에 따른 항생제 사용이 적절하였는지를 살펴보아야 하며, 적절한 항생제 사용에도 불구하고 감염 증상의 호전이 없었다면 항생제 등으로 치료가 되지 않을 만큼 염증이 진행된 것이므로 보형물 제거가 필요했던 경우일 수 있다.

만약 감염에 따른 치료가 적절히 이루어지지 않은 부분이 확인된다면 감염이 지속되면서 장기간 고생한 부분과 피부결함이 남게 된데 대해 병원 측에 보상을 요구할 수 있다.

♣ 성형수술 관련 소비자분쟁 해결기준

<table>
<tr><th>분쟁유형</th><th>해결기준</th><th>비고</th></tr>
<tr><td>1) 사업자의 책임 있는 사유로 인한 계약해제</td><td></td><td rowspan="7">– 다만 계약금이 수술비용의 10%를 초과하는 경우, 배상 및 환급의 기준은 수술비용 10%만을 기준으로 산정함
– 병원 또는 환자가 수술예정일을 변경하는 경우는 계약 해지 및 해제에 해당되지 않음.</td></tr>
<tr><td>– 수술예정일 3일전 이전까지의 해제</td><td>계약금 반환 및 계약금의 10% 배상</td></tr>
<tr><td>– 수술예정일 2일전 해제</td><td>계약금 반환 및 계약금의 50% 배상</td></tr>
<tr><td>– 수술예정일 1일전 해제</td><td>계약금 반환 및 계약금의 80% 배상</td></tr>
<tr><td>– 수술당일 혹은 수술일자 경과 후 해제</td><td>계약금 반환 및 계약금의 100% 배상</td></tr>
<tr><td>2) 소비자의 책임 있는 사유로 인한 계약해제</td><td></td></tr>
<tr><td>– 수술예정일 3일전 이전까지의 해제</td><td>계약금의 90% 환급</td></tr>
<tr><td>– 수술예정일 2일전 해제</td><td>계약금의 50% 환급</td><td></td></tr>
<tr><td>– 수술예정일 1일전 해제</td><td>계약금의 20% 환급</td><td></td></tr>
<tr><td>– 수술당일 혹은 수술일자 경과 후 해제</td><td>계약금 전액 미환급</td><td></td></tr>
</table>

PART 3

주거 · 시설 관련 소비자 피해 구제 사례

사례 1 공동주택의 경우 하자보수 책임기간

입주한 공동주택이 벽면이 갈라지고 누수가 되는 등 피해가 심각하다. 공동주택을 건설한 사업주에게 수리해줄 것을 요구하니, 하자보수 책임기간이 지났다는 이유로 거절한다. 공동주택의 하자보수 책임기간은?

TIP 하자보수 책임기간이란 공동주택을 건설한 사업자가 주택에 하자가 발생할 경우 무상으로 보수를 해 주어야 하는 기간을 의미한다.

「주택법」에 의한 하자 내역별 하자보수 책임기간은 내력구조부인 경우 사용검사일로부터 5~10년(보, 바닥, 지붕: 5년, 기둥, 내력벽: 10년), 주요시설인 경우 2년~3년으로 하고 그 외 시설인 경우에는 1년으로 하고 있다.

하자가 자주 발생하고 있는 부위에 대한 기간은 아래와 같다.

♣ 하자내역(하자보수기간)

공동구 공사(2년) / 지하저수조 공사(2년) / 옥외위생(정화조)관련공사(2년) / 옥외 급수관련 공사(2년) / 창문틀 및 문짝(2년) / 창호철물 (2년) / 급수설비 · 온수공급설비 · 배수설비(2년) / TV공청 · 방재설비(2년) / 지붕 및 방수(4년)/미장 · 칠 · 도배(1년)/식재공사(조경)(2년) / 잔디심기 · 조경시설(1년) / 온돌공사 (3년) / 열원기기설비 · 공기조(2년) / 승강기 · 인양기설비 (3년)

사례 2 분양아파트의 재산세 납부의무자

2012.6.9. 미분양아파트를 계약하여 2012.7.1. 소유권이전등기를 하였는데 분양사업자가 재산세를 납부하라는 통지를 보내 왔다. 군청에서는 계약 시점인 6.1. 당시 소유주가 아니었기 때문에 재산세를 납부할 필요가 없다고 하는데, 분양사업자는 재산세는 소유주가 내는 것으로 되어 있다며 납부를 강요하고 있다. 누가 납부해야 하는가?

TIP 재산세는 재산세 산정기준일에 주택의 소유주가 납부하여야 한다. 따라서 재산세 납부기준일이 6.1.이전이었다면 분양사업자에게 납부의무가 있다고 할 수 있다.

분양계약서상에 재산세 납부 책임이 소유주에게 있다고 규정하고 있다면 재산세 납부기준일에 소유주는 시행사라고 볼 수 있으므로 분양사업자에게 재산세 납부의무가 있는 것으로 보인다. 정확한 내용은 세금을 담당하는 관할관청에 문의하는 것이 좋다.

사례 3 중도금 납부 이후 분양계약을 해제할 경우

2013년 3월 OO지구 아파트의 분양계약을 체결한 수분양자이다. 계약 체결 시 계약금을 전체 대금의 10%로 지급하였고, 중도금을 1회 납부한 상태이다. 개인 사정상 계약을 해제하고 싶은데 가능할까?

TIP 계약의 해제는 원칙적으로 계약이 이행단계에 착수하기 전에만 가능하다. 만약 소비자의 사정으로 해제를 하는 경우에는 계약금을 포기(위약금 지급)하고, 사업자의 사정으로 해제하는 경우는 계약금의 환급 외 계약금과 같은 금액의 위약금을 소비자에게 배상하여야 한다.

이행단계에 착수한 후에도 해제가 불가능한 것은 아니지만, 이 경우에는 상대방의 동의가 필요하고, 계약해제를 요구하는 측에서 단순한 위약금 외 추가 손해배상이 필요할 수도 있다.

주택분양계약에서 계약이행의 착수 여부는 통상 중도금의 납부일을 기준으로 하고 있다.

따라서 중도금의 1차 납부일이 경과한 후에는 상대방이 계약해제에 동의하지 않으면 사실상 해제가 불가능하다고 할 수 있다. 물론 상대방이 계약서 또는 법률에서 정한 해제사유를 발생시킨 경우에는 예외이다.

사례 4 |부동산 매매 및 전세(임대차)계약 적정 중개수수료

서울에서 27평형의 아파트를 2억5천만원에 구입하였는데 부동산 중개업자가 수수료로 요율 0.4%를 적용한 100만원을 요구한다. 이 경우 적정한 중개수수료는 얼마인가?

TIP 부동산 중개수수료는 각 시·도의 조례로 규정하고 있다.

서울시에 소재하는 아파트를 거래금액 2억5천만원으로 구입한 경우 부동산 중개업자의 주장대로 요율은 0.4%이나 2억원에서 6억원까지의 거래금액에 대한 부동산중개수수료의 한도액이 없으므로 소비자는 부동산 중개수수료로 100만원을 지급하면 된다.

♣ 부동산중개 수수료 요율표(서울시)

1. 부동산의 매매 · 교환(의뢰자가 각각 부담)
– 거래가액 (5천만원 미만) : 요율 (0.6%) / 한도액 (25만원)
– 거래가액 (5천만원~2억원 미만) : 요율 (0.5%) / 한도액 (80만원)
– 거래가액 (2억원~6억원 미만) : 요율 (0.4%) / 한도액 (없음)
– 거래가액 (6억원 이상 고급주택) : 요율 (법정중개수수료요율 0.9%내에서 중계의뢰인과 중계업자간의 협의로 결정)

2. 전세 · 임대차(의뢰자가 각자 부담)
– 거래가액 (5천만원 미만) : 요율 (0.5%) / 한도액 (20만원)
– 거래가액 (5천만원~1억원 미만) : 요율 (0.4%) / 한도액 (30만원)
– 거래가액 (1억원~3억원 미만) : 요율 (0.3%) / 한도액 (없음)
– 거래가액 (3억원 이상 고급주택) : 요율 (법정중개수수료요율 0.8내에서 중계의뢰인과 중계업자간의 협의로 결정)

※ 월세의 경우 '월세보증금 + (한달 월세액×100)'로 산출된 금액을 거래가액으로 함. (단 산출된 금액이 5천만원 미만일 경우 다시 '월세보증금+(한달월세액×70)'을 적용하여 산출된 금액을 거래가액으로 함.

사례 5 모델하우스와 아파트의 자재가 다르게 시공된 경우

아파트에 입주해 보니 모델하우스의 자재와 차이가 난다. 모델하우스에서 나눠준 팸플릿에는 A사의 시스템키친으로 설치한다고 돼 있었으나, 실제 설치된 제품은 지명도가 거의 없는 B사 제품이다. 시중가격을 알아보니, B사의 제품이 A사의 제품보다 20만원 내지 30만원 정도 싼 것이다. 차액을 보상받을 수 있을까?

TIP 다르게 시공된 부분에 대한 차액을 보상받을 수 있다.

실제 입주한 주택이 모델하우스나 팸플릿과 달라 분쟁이 발생하는 경우가 많으므로, 이에 대비하여 모델하우스에서 배포한 팸플릿이나 계약서를 증빙자료로 잘 보관하는 것이 좋다. 사업자가 견본 주택이나 분양 안내 팸플릿을 통해 특정 회사의 싱크대를 설치하기로 했다면 같은 제품을 설치하는 것이 원칙이다. 만약 해당 싱크대 제조업자의 도산 또는 파업 등으로 제품을 구하기 어렵다면 동질, 동가의 제품으로 대체 설치해야 한다.

사례의 경우처럼 분양주택에 설치된 싱크대가 견본 주택에 시공된 싱크대보다 품질 등에서 차이가 난다면, 증빙자료를 가지고 그 차액을 보상받을 수 있다.

사례 6 부품이 없어서 수리가 불가능한 보일러의 보상

가정용 보일러를 70만원에 구입, 설치하여 3년 정도 사용하였는데 콘트롤 판넬에 하자가 발생되어 사업자에게 수리를 의뢰하니 단종으로 부품이 없어 수리가 불가능하다고 한다. 이 경우 어떻게 보상을 받아야 할까?

TIP 감가상각 후 5% 가산하여 환급을 받을 수 있다.

「소비자분쟁해결기준(공산품 중 보일러, 공정거래위원회 고시)」에 의하면 부품을 보관하고 있지 않아 수리가 불가능할 경우 보일러가 품질보증기간 이내의 경우에는 제품을 교환받거나 구입가 전액을 환급받을 수 있다. 품질보증기간 이후의 경우에는 구입가를 정액 감가상각한 금액의 5%를 가산하여 환급받거나 그 금액에 상당하는 타제품으로 교환받을 수 있다.

이 경우 보상 금액은 아래의 계산에서와 같이 42만원이 될 것이다.

※ 계산 : 700,000원(구입가) ÷ 7년(내용년수) × 4년(잔존년수) × 1.05 = 420,000원

※ 참고 : 보일러의 내용연수는 7년

사례 7 아파트관리비 납부방법 및 납부지연 가산금

아파트에 이사 온 지 6개월이 되었는데, 아파트 관리비 납부지연에 대한 가산금이 지나치게 높아 보인다. 말일까지 납부하지 않으면 10%의 가산금, 6일 경과 후부터는 20%의 가산금이 붙는다. 납부방법도 유일하게 집 앞에 있는 새마을금고에서만 납부하도록 되어 있다. 이 같은 가산금 부과와 납부방식 제한이 정당한가?

TIP 아파트 관리비는 「주택법」 및 「주택법시행령」에 근거하여 입주자대표회의에서 제정하는 '공동주택관리규약'에 의하여 그 납부방식 및 납부지연에 대한 벌칙 등이 정해진다. 공동주택관리규약은 입주자대표회의에서 협의에 의해 제·개정되므로, 문제가 있다면 입주자대표회의를 통해서 개정을 협의하는 것이 좋을 것이다.

♣ 관련 법률

– 주택법 제44조(공동주택관리규약) ① 시 · 도지사는 공동주택의 입주자 및 사용자를 보호하고 주거생활의 질서를 유지하기 위하여 대통령령으로 정하는 바에 따라 공동주택의 관리 또는 사용에 관하여 준거가 되는 공동주택관리규약(이하 "관리규약"이라 한다)의 준칙을 정하여야 한다.

– 주택법시행령 제57조(관리규약의 준칙) ① 법 제44조 제1항에 따라 시 · 도지사가 정하는 관리규약의 준칙에는 다음 각 호의 사항이 포함되어야 한다.

12. 관리비등을 납부하지 아니한 자에 대한 조치 및 가산금의 부과

사례 8 광고보다 과다하게 전기료가 청구되는 경우

전기온돌 설치업자로부터 전기온돌을 설치하면 다른 난방방법에 비하여 연료비가 30%이상 절감된다는 구두 설명과 이러한 내용이 기재되어 있는 팸플릿을 보고 150만원에 안방과 작은 방 등 총 3평의 방에 전기온돌을 설치하였다. 그러나 위 광고 내용과는 달리 난방비가 절약되지 않고 오히려 비용이 과다하게 나오고 있다. 이 경우 피해 보상을 요청할 수 있는가?

TIP 허위 과장 광고인 경우 보상을 받을 수 있다. 사업자가 제품 판매시 제시한 '팸플릿'에 기재되어 있는 제품의 기능 및 특성에 관한 사항은 제품을 구입하는데 있어서 주요한 계약의 내용이라 할 수 있으므로 제품이 팸플릿상에 기재된 기능을 제대로 구현하지 못하고 있다면 소비자는 제품의 판매자 및 제조업자에 대하여 피해 보상을 요구할 수 있다. 이 경우 피해보상의 범위는 반품 및 구입가 환급뿐만 아니라 해당 제품을 설치·사용함으로써 발생된 추가 피해(전기료 과다지급분)까지도 보상을 요구할 수 있다.

전기온돌을 설치하여 연료비가 절감되는지 여부를 일반 가정에서 쉽게 알아보려면 전기온돌을 설치함으로써 사용하지 않게 된 유류 절약분과 전기온돌 설치 전과 설치 후의 전기료 차액을 대비하는 간편한 방법으로 비교해 보고 의심이 있을 경우 사업자에게 의뢰하여 정밀한 측정을 해 볼 수도 있다.

사례 9 품질보증기간 내에 수리비를 지급한 경우

단독주택에 기름보일러를 설치하여 사용해 오던 중 온도조절기가 작동되지 않아 제조사에 서비스를 요청하였는데 보일러를 수리한 기사가 보일러가 구입한 지 1년이 넘었다고 하며 수리비 3만원을 요구하여 이를 지급하였다. 나중에 보일러의 품질보증서를 살펴보니 보증기간이 2년으로 되어 있음을 알게 되었는데 이 경우 이미 지급한 수리비를 환급받을 수 있는가?

TIP 품질보증기간 내에는 무상으로 수리를 받을 수 있다.

'소비자기본법시행령' 제8조(일반적 소비자분쟁해결기준)에 의하면 품질보증기간을 사업자가 보증서 등에 기재한 경우에는 그 기간을, 이러한 표시가 없을 경우 유사제품의 품질보증기간을, 이에도 해당되지 않을 때에는 통상 1년으로 하고 있다. 이 경우 사업자는 보증서에 품질보증기간을 2년으로 기재하였으므로 그 기간 동안 보증을 해주어야 한다. 따라서 소비자는 사업자로부터 이미 지급한 수리비 3만원을 돌려받을 수 있다.

♣ 품질보증기간 이내에 발생한 하자라 하더라도 무상수리가 되지 않는 경우

① 소비자의 고의 또는 과실로 인하여 발생한 피해
② 제조자 또는 제조자가 지정한 수리자가 아닌 자가 제품의 구조, 기능 등을 임의로 개조 또는 변조하여 발생된 고장
③ 부품 자체의 수명이 다한 경우
④ 천재지변에 의한 제품의 고장 또는 결함

사례 10 합법적인 발코니 확장공사의 방법

집 안이 좁아서 발코니를 확장하려고 한다. 발코니 확장을 할 때 지켜야할 절차 등이 있는지, 있다면 어떤 절차를 거쳐야 하는지?

TIP 2005년 12월 건축법 시행령이 개정되어 발코니 확장시공이 합법화되었다. 그러나 관련 법률 등을 준수하지 않은 무분별한 확장까지 모두 합법화된 것은 아니다.

발코니를 확장할 경우 국토해양부 고시 '발코니 등의 구조변경절차 및 설치기준'에서 규정하고 있는 구조안전 확보, 안전조치(대피공간, 방화판)등 시공 요구사항을 준수하여야 하며, 이와 함께 관할 관청에 신고절차를 거쳐야 한다. 이러한 절차 등을 거치지 않을 경우 관할 관청으로부터 원상회복명령 및 이행강제금이 부과될 수 있다.

PART 4

가전 · 생활용품 관련 소비자 피해 구제 사례

사례 1 노상에서 매장으로 유인되어 구입한 제품의 청약철회

> 길을 가다가 마주친 판매사원이 연말 특별행사로 화장품을 염가로 판매한다고 하여 판매점으로 따라가서 계약서를 작성하고 화장품을 받았다. 그러나 나중에 가격이 시중보다 비싼 것을 알고 반품하려하였으나 거부당했다. 반품을 할 수 없는가?

TIP 사례의 경우처럼 구입계약을 판매자의 상설 영업장소에서 체결하였다고 하더라도 '3개월 이상 상설 영업장소' 외의 장소(사례의 경우 길거리)에서 판매사원과 직접 대면하여 적극적인 구입권유를 받아 상설 영업장소(판매점)에 가서 계약을 체결한 것이라면 방문판매 거래에 해당한다.

방문판매로 구입한 물품은 화장품을 수령한 날로부터 14일 이내에 반품할 수 있다.

사례 2 화장품 사용으로 피부질환이 발생한 경우

> 화장품을 구입하여 사용하고 있다. 예전부터 사용하던 화장품은 아무 문제가 없었는데 이 화장품을 사용하고 난 후부터 안면에 부작용이 발생되고 있는 것 같다. 아무리 생각해봐도 화장품의 문제로 인한 피부질환으로 보이는데 이러한 경우 보상은 가능할까?

TIP 소비자분쟁해결기준(공정거래위원회 고시 제2011-10호)에 의하면 화장품의 이물혼입, 함량부적합, 변질·부패, 유효기간 경과, 용량부족, 품질·성능·기능 불량 등의 경우 제품 교환 또는 구입가 환급을 요구할 수 있다. 또한 사례의 경우처럼 부작용 등의 피해는 치료비, 경비 및 일실소득 배상을 요구할 수 있다.

다만, 피부질환 등의 확대손해에 대한 배상을 주장하기 위해서는 피부과 전문의의 확정진단 등을 통해 화장품사용과 해당 질환 사이의 인과관계가 확인되어야 한다.

사례 3 소비자귀책사유로 인한 가구반품시 위약금 기준

2013.1.19. 가구점에서 장롱, 침대, 소파, 화장대를 370만원에 계약(제품 배송일자 : 3.10.)하고 계약금 70만원을 신용카드로 결제하였다. 같은 해 2.5. 소비자의 개인사정으로 인하여 유선으로 계약해제를 요구하였더니, 가구 판매업자는 주문제작 가구가 아님에도 위약금 20%를 요구한다. 계약금에 대한 환급이 불가능한가?

TIP 구입 당시 소비자가 개별적으로 크기, 재질, 색상 등을 따로 정하지 않았다면 주문가구로 보기 어렵다.

사례의 경우 소비자분쟁해결기준에 따르면 소비자 귀책에 의한 해약 시 배달 3일전까지는 계약금에서 물품대금의 5%를 공제한 후 환급하여야 한다. 따라서 이미 지급한 계약금 700,000원에서 「소비자분쟁해결기준」에서 정한 위약금 185,000원(물품 대금의 5%)을 공제한 515,000원은 환급이 가능하다.

사례 4 방문판매원이 시험사용 후 인도한 제품의 청약철회 여부

방문판매원이 소파나 카펫에 있는 진드기까지 말끔히 빨아들이며 먼저 계약서를 작성하면 시험사용이 가능하다고 하여 계약서를 작성하였다. 시험사용에서 보통 청소기와 큰 차이가 없고 가격만 비싼 것 같아 사지 않겠다고 하였으나 방문판매원은 이미 사용하였기 때문에 구입해야 하다고 하여 대금을 지불하였다. 반품하고 싶은데 반품 후 환급이 가능한가?

TIP 청약철회 후 반품하고 환급을 받을 수 있다.

「방문판매 등에 관한 법률」은 소비자의 청약철회가 제한되는 사유로, 소비자가 상품을 사용하거나 재판매가 곤란할 정도로 상품의 가치가 현저히 감소한 경우 등을 들고 있다. 다만 판매자는 이러한 사실을 상품 포장 등에 명기하거나 시용상품을 제공하여야 한다(제8조 제2항 2호 및 제6항 참조).

따라서 이 사례는 사용에 의해 청약철회가 제한된다는 사실을 판매원이 고지하지 않고 판매용 제품을 시험 사용한 후 인도하였다면 시험 사용을 이유로 소비자의 청약철회를 거부할 수 없다. 즉 시험사용은 판매자가 성능을 보여주기 위하여 소비자에게 인도 전에 직접 실시한 것이므로 시험사용에 의해 상품가치의 감소가 있었다고 하더라도 이를 소비자에게 전가시킬 수는 없는 것이다.

사례 5 1년 전 출고된 재고품의 품질보증기간 기산 기준일

가스오븐을 구입하였는데 다음 날 제품을 보니 1년 전에 출고된 제품이었다. 판매업자에게 새로 나온 제품으로 교환해 줄 것을 요구했으나 제품에 전혀 이상이 없으므로 교환해 줄 수 없다고 한다. 품질보증기간은 어떻게 되는가?

TIP 품질보증기간은 소비자가 물품을 구입한 날부터 기산한다.

너무 오래 전에 출고된 제품을 구입하면 자칫 중고제품일 가능성도 있고 품질보증기간 산정 시 불이익을 당할 수 있으므로 제품을 구입할 때 확인해 보는 것이 좋다. 그러나 품질 등에 하자가 없는 제품이 확실하다면 제조일자가 오래되었다는 이유만으로 제품의 교환을 요구할 수는 없다.

제조일자가 오래된 제품을 구입한 경우에는 품질보증서에 구입일을 적어놓으면 구입일로부터 품질보증기간을 기산하게 되므로 이로 인한 피해를 예방할 수 있다.

「소비자기본법시행령」 제8조(일반적 소비자분쟁해결기준)에 의하면 “품질보증기간은 소비자가 물품 등을 구입하거나 제공받은 날부터 기산한다. 다만, 계약일과 인도일(용역의 경우에는 제공일을 말한다)이 다른 경우에는 인도일을 기준으로 하고, 교환받은 물품 등의 품질보증기간은 교환받은 날부터 기산한다”라고 되어 있다. 만약 구입일을 적어 놓지 않은 상태에서 제조업체와 구입일 관련 분쟁이 발생하면 공정거래위원회가 고시한 ‘소비자분쟁해결기준’에 따라 물품의 제조일 또는 수입통관일로 부터 3개월이 경과한 날로부터 품질보증기간을 기산하게 된다.

따라서 제품 구입시 가급적 제조일이 3개월 이내인 제품을 구입하고 부득이 하게 제조일이 많이 경과한 제품을 구입할 경우 영수증이나 거래명세서 등에 구입시기를 입증할 수 있는 근거를 남겨둘 필요가 있다.

사례 6 중고제품의 품질보증 가능 여부

최근 에어컨의 품귀현상으로 신제품을 구입할 수 없어 대리점에서 중고 에어컨을 구입했다. 그런데 냉방이 잘 되지 않아 수리를 의뢰했으나 부품이 없다는 이유로 1개월째 수리를 미루고 있다. 구입 시 6개월 동안 품질을 보증한다는 내용의 보증서를 받아 두었는데, 이런 상황에서 받을 수 있는 최상의 조치는 무엇인가?

TIP 품질보증서가 없는 중고품은 품질보증을 받을 수 없으므로 중고품을 구입할 때는 판매자로부터 품질보증기간이 명시된 보증서를 받아두어야 한다. 만약 보증서를 받아두지 않았다면, 유상으로 수리를 받아야 할 것이다.

품질을 보증한다는 내용의 보증서를 받았으면 판매자에게 조속한 무상수리를 해 달라고 요구할 수 있다.

또한 보증기간 이내에 판매자가 부품이 없어 수리를 해주지 못하는 경우에는 공정거래위원회가 고시한 '소비자분쟁해결기준'에 따라 동종 가격의 에어컨으로 교환받거나 구입가를 환불받을 수 있다. 다만, 중고품이라도 '소비자분쟁해결기준'에 의하면 중고텔레비전, 냉장고, 세탁기, 컴퓨터 및 주변기기의 경우 "보증기간을 소비자에게 명시적으로 고지하지 않은 경우의 보증기간은 6개월로 한다"라고 되어 있다.

사례 7 하자로 교환받은 제품의 품질보증기간의 기산 시점

소형 에어컨을 구입 사용중 구입 직후부터 여러 차례 고장이 발생하여 새 제품으로 교환받아 사용해 왔다. 그런데 교환받은 제품도 서리가 발생해 여러 차례 수리를 받았으나 개선되지 않아 교환받은 후 10개월만에 다른 모델로 교환해 줄 것을 요구했다. 구입처에서는 제품의 가격을 구입가 69만원중 19만원을 감가상각한 50만원으로 정산하여 교환해 주겠다고 한다. 구입가 전액을 인정하여 다른 모델의 제품으로 교환받을 수는 없는가?

TIP 교환받은 제품의 품질보증기간은 교환받은 날부터이므로 감가상각을 하지 않는다. 구입처에서 다른 모델의 제품으로 교환해 준다고 한다면 제품 구입가 전액인 690,000원으로 정산하여 교환받을 수 있다.

'소비자분쟁해결기준'에 의하면 품질보증기간 이내에 정상적인 사용상태에서 성능·기능상의 동일하자가 4회째 발생하면 동일한 모델의 새 제품으로 교환받을 수 있다.

또한 「소비자기본법시행령」 제8조(일반적 소비자피해보상기준)에 의하면 "품질보증기간은 소비자가 물품을 구입한 날 또는 용역을 제공받은 날부터 기산한다.

다만, 계약일과 인도일이 다른 때에는 인도일을 기준으로 하고, 교환받은 제품의 품질보증기간은 교환받은 날로부터 기산한다"라고 되어 있으므로 교환받은 제품 역시 품질보증기간 이내의 제품이므로 구입가 전액으로 정산하여 새 제품으로 교환받을 수 있다.

사례 8 장롱의 문짝이 뒤틀리는 경우

6개월 전 구입한 장롱의 문짝이 한 달쯤 지나면서부터 뒤틀리기 시작하더니 문이 잘 닫히지도 않게 되었다. 가구 대리점에 연락했더니 직원이 찾아와 수리해 주었으나, 장롱의 문짝 뒤틀림은 계속됐다. 지금까지 세 번이나 수리를 받았는데, 아직도 문이 잘 닫히지 않는다. 교환이나 환불이 가능할까?

TIP 2회 수리 후에도 못 고치면 교환이 가능하다.

'소비자피해보상규정'에 의하면, 문짝이 휘는 하자의 정도를 문짝 길이의 0.5% 이상으로 휠 때와 문짝 길이의 0.5% 이내로 휠 때로 나누어 규정하고 있다.

문짝의 휨 정도가 문짝 길이의 0.5% 이상이 될 때는 구입한 날로부터 6개월이 지나지 않으면 제품 교환, 구입한 날로부터 3년 이내면 무상 수리 또는 부품을 교환받을 수 있다.

문짝의 휨 정도가 문짝 길이의 0.5% 이내일 때는 구입한 날로부터 3년이 지나지 않았으면 무상 수리 또는 부품을 교환받을 수 있다. 품질보증기간 이내에 같은 하자로 2회 수리를 받고도 고쳐지지 않으면 제품 교환 또는 구입할 때 낸 금액만큼 돌려 받을 수 있다.

사례 9 소비자과실로 발생한 고장, 수리가 불가능한 경우

한 달 전에 구입해 사용해 온 에어컨을 최근 옮기다가 실수로 제품정면에 붙은 부품을 깨뜨렸다. 제조사 서비스센터에 수리를 요구했으나 한 달 이상 지연시키다가 지금은 부품이 없다며 수리를 못한다고 한다. 소비자 본인의 과실이긴 하지만 보상받을 수는 없는가?

TIP 소비자 과실에 의한 수리이므로 감가상각 후 잔액 중 그 과실, 즉 유상수리에 해당하는 금액을 제한 나머지를 환불받을 수 있다.

'소비자분쟁해결기준'에 의하면, 에어컨은 부품 보유 기간이 7년인데 이와 같은 부품 보유기간 내에 사업자가 부품을 보유하고 있지 않아서 수리가 불가능한 경우, 정액감가상각 후 이 금액에 10%를 가산하여 환급받을 수 있다.

그러나 부품 보유기간이라고 하더라도 사례의 경우처럼 소비자 과실이 있을 때에는 그 과실부분(유상수리에 해당하는 금액)은 환급금액에서 빼게 된다.

사례 10 소비자가 운반하여 수리를 의뢰하는 것이 정당한지

약 2개월 전에 구입하여 사용해 온 선풍기가 회전하는 도중 가끔씩 멈추는 현상이 있어 서비스센터에 수리를 의뢰하자 제품을 가지고 서비스센터를 직접 방문할 것을 요구한다. 이러한 권유는 정당한가?

TIP 운반이 용이한 제품의 수리는 소비자가 운반하여 수리를 의뢰해야 한다.

「소비자기본법시행령」 제8조(일반적 소비자피해보상기준)에 의하면 "물품 또는 용역에 대한 피해의 보상은 물품의 소재지 또는 용역의 제공지에서 한다. 다만, 사회통념상 휴대가 간편하고 운반이 용이한 물품에 대하여는 사업자의 소재지에서 보상할 수 있다. 사업자의 귀책사유로 인한 소비자피해의 처리과정에서 발생되는 운반비용, 시험·검사비용 등의 경비는 사업자가 부담한다"라고 되어 있다.

따라서 선풍기의 경우 비교적 휴대가 간편하다고 볼 수 있으므로 서비스센터를 방문하여 수리를 받아야 한다.

PART 5

의류 · 세탁 관련 소비자 피해 구제 사례

사례 1 전자상거래 묶음배송 상품 반품시 택배비 부담 주체

2012.7.5. 전자상거래 사이트에서 의류를 두 벌 구입하고 티셔츠 3만원, 스커트 4만원 총 7만원을 카드로 결제했다. 당시 5만원 이상을 구매하면 무료배송이어서 판매자에게 묶음배송을 요구했다. 이후 상품을 수령하여 확인하던 중 스커트가 불량인 것이 확인되어 판매자에게 반품을 요구했는데 판매자는 무료배송으로 두 개의 상품을 발송했기 때문에 택배비 2,500원을 입금해야 스커트를 반품해주겠다고 한다. 이 경우 택배비를 부담하는 것이 타당한가?

TIP 「전자상거래 등에서의 소비자보호에 관한 법률」 제17조 제1항에 의하면 소비자는 계약내용에 관한 서면을 교부받은 날(서면을 교부받은 때보다 재화 등의 공급이 늦게 이루어진 경우에는 재화 등의 공급을 받거나 공급이 개시된 날)부터 7일 이내에 해당 계약에 관한 청약을 철회할 수 있다.

동 조항의 규정에 의하여 청약철회를 하는 경우 소비자는 공급받은 재화 등의 반환에 필요한 비용을 부담해야 한다.

사례의 경우 최초 계약 체결 시에 거래 조건(무료배송)이었던 것에 대해 별도의 약정이 없었다면 차후 발생한 채무불이행의 사유로 무효화 할 수는 없다. 즉, 무료배송으로 진행되었던 부분은 그대로 이행해야 한다.

그리고 제품 하자 등 판매자의 귀책사유로 반품하는 상황이므로 택배비는 판매자가 전액 부담해야 한다.

참고로, 소비자의 개인 변심으로 반품하는 경우에는 반품 배송료인 2,500원을 소비자가 부담하여야 한다.

사례 2 일반매장에서 구입한 의류의 환급가능 여부

며칠 전 지하상가 의류 매장에서 원피스 한 벌을 구입했다. 매장에서는 착용이 불가능하여 집에 와서 입어보니 사이즈가 맞지 않아 그 다음날 환불을 받기 위해 매장을 방문했다. 그런데 판매자는 교환 및 환불은 불가능하다며 교환증을 주었다. 이러한 경우 환불을 받을 수 없는가?

TIP 일반 매장에서 상품 구입 시 교환 및 반품과 관련한 분쟁이 자주 발생하고 있어 각별한 주의가 요구된다. 교환 및 환급을 받을 수 있는지 여부는 당사자간의 계약 내용에 따라 결정된다. 구매 당시 교환 및 환급이 불가능함에 대하여 판매자가 명시적으로 표기 혹은 고지를 하였다면 당사자간에 이러한 내용의 계약을 체결한 것으로 보아 교환 및 환급이 불가능하다. 그러나 교환 및 반품에 대한 표기 및 고지를 하였는지에 대해 당사자의 주장이 다르고 입증자료가 없는 경우가 대부분이어서 원만한 피해구제가 어려울 수 있으므로 소비자는 신중하게 구입 할 필요가 있다.

매장에서 구입할 당시 교환 혹은 환불과 관련된 당사자간 특별한 약정이 없었다면, 소비자분쟁해결기준에 의하여, 구입 후 7일 이내에는 교환 혹은 환불(제품에 손상이 없는 경우)을 요구할 수 있다.

사례 3 구입 이후 착용중 오리털이 빠지는 패딩점퍼 보상 여부

의류 판매 매장에서 오리털 패딩 점퍼를 223,210원에 구입하여 착용을 하던 중 봉제선 솔기 부위에 하얗게 오리털이 빠져나오는 하자가 있어 판매자에게 이의를 제기하였으나, 판매자는 제품상의 하자가 아니라고 하며 보상을 거절하고 있다. 구입 이후 별로 착용하지도 않았음에도 불구하고 오리털이 빠지는 것은 제품의 문제라고 보이는데 보상을 받을 수 있을까?

TIP 오리털 패딩 점퍼는 오리털이 겉으로 빠져나오는 것을 예방하기 위해 다운프루프(Down Proof) 가공이라는 특수한 원단을 사용하여 제작하는 제품이며, 오리털 패딩 점퍼 착용 중 다운프루프(DP) 불량 또는 봉제선 불량으로 오리털이 원단 바깥으로 심하게 빠져 나와 착용이 불편한 경우가 종종 있다.

이러한 경우 제품 불량으로 확인이 되면 소비자분쟁해결기준에 따라 제조사 또는 구입처를 통하여 제품 교환이나 환급가능하다.

해당 물품의 경우 섬유제품심의위원회 등의 심의를 통해 오리털이 봉제선 부위를 중심으로 심하게 빠지는 현상이 확인이 될 경우 제품불량으로 판단되어 제조판매업체를 통해 보상이 가능하다.

사례 4 수영복 및 속옷에 대한 청약철회 가능 여부

인터넷 쇼핑몰에서 비키니 수영복을 구입하였다. 이틀 후 제품을 배송 받아 입어 보니 사이즈가 맞지 않아 게시판을 통해 환불을 요청하였다. 그런데 판매자는 수영복은 속옷류로 분류되어 교환 및 환불이 불가능하며 이를 사이트에 표기하였으므로 환불할 수 없다고 한다. 구제받을 수 있는 방법은?

TIP 수영복이나 속옷이라고 해서 청약을 철회를 할 수 없는 것은 아니다. 전자상거래를 통하여 물품을 구매한 경우에는 「전자상거래 등에서의 소비자보호에 관한 법률」이 적용된다. 이 법에 따르면 소비자는 재화를 공급받은 날로부터 7일 이내에 청약철회를 할 수 있다. 다만 소비자에게 책임 있는 사유로 재화가 훼손되거나 소비자의 사용에 의하여 재화의 가치가 현저히 감소한 경우 및 시간의 경과에 의하여 재판매가 곤란할 정도로 재화의 가치가 현저히 감소한 경우 등에는 청약철회가 제한된다.

원칙적으로 수영복에 대해서도 청약철회 기간을 준수하였다면 청약철회가 가능하다. 다만, 이는 재화가 훼손되지 않았음을 전제로 한다. 속옷이나 수영복은 외의류와는 달리 시착을 하는 과정에서 오염이 발생할 가능성이 크기 때문에 오염방지 테이프를 제거하지 않고 시착을 하거나 오염방지 테이프가 없는 경우에는 속옷을 입고 시착을 하는 등 각별한 주의를 할 필요가 있다. 또한 판매자가 사이트에 교환 및 환급이 불가능함을 표기하였다고 하더라도 이는 판매자의 일방적인 고지로서 아무런 법적 효력이 없으므로 소비자의 청약철회를 제한할 수 있는 사유가 되지 않는다.

사례 5 전자상거래로 구입한 주문제작 구두 환급 여부

전자상거래로 구두를 주문한 후 상품을 받아보니 사이즈가 맞지 않아 판매자에게 반품을 요청하자, "주문제작 상품이어서 수선만 가능하고 교환이나 환급은 불가하다"고 한다. 사이트상 옵션으로 '사이즈와 굽높이'만 선택했는데 이것을 주문제작 상품이라고 할 수 있는가? 이 경우 청약철회가 불가능한가?

TIP 「전자상거래 등에서의 소비자보호에 관한 법률」 제17조 제2항 제5호 및 동법 시행령 제21조에서 규정하고 있는 청약철회 등의 제한사유인 "소비자 주문에 의하여 개별적으로 생산되는 재화"란 특정 소비자의 신체치수나 디자인 등을 고려하여 만든 "맞춤형 주문제작 상품"으로 청약철회 시 다른 소비자에게 재판매가 곤란한 재화를 의미한다.

사례의 경우, 이미 디자인과 색상이 고정되어 있고 단지 사이즈와 굽높이만 소비자가 선택하는 것에 불과한 제품이므로, 이는 주문을 받은 후 생산업체에 의뢰하여 재고 상품이 있으면 배송하고 재고 상품이 없으면 배송하지 못하는 규격화된 제품에 해당하며, 이는 동법 및 동법 시행령에서 규정한 청약철회 등의 제한사유인 '소비자의 주문에 의하여 개별적으로 생산되는 재화'라고 할 수 없다.

또한 구입 당시에 주문체결 당시 '교환 및 환급불가'라는 의사표시의 합치가 있었는지도 중요한 사항이다. 「전자상거래 등에서의 소비자보호에 관한 법률」 제17조 제1항과 제2항, 제35조 및 시행령 제21조에서 주문제작 상품임을 이유로 청약철회를 거부하는 경우에는 사전에 당해 거래에 대하여 별도로 그 사실을 고지하고 소비자의 서면(전자문서를 포함)에 동의를 얻은 경우를 의미한다.

따라서 판매자가 소비자에게 계약 체결될 당시에 "주문제작 상품이므로 차후 교환 또는 환급이 불가하다"는 점을 사전에 고지하지 않았다면, 판매자는 이 건 구두에 대해 청약철회(반품)를 해주는 것이 타당하다.

사례 6 반품, 교환이 불가하다고 사전고지한 의류 환급 여부

쇼핑몰 사이트상에 "반품 · 교환 · 환불이 절대 안 된다"는 문구를 써 놓은 온라인 매장에서 의류를 주문하여 이틀 후 받았다. 현재 받은 물건은 사용하지 않았으며, 받은 상태로 다시 포장해 두었다. 사이즈가 맞지 않고 품질에 대해 만족하지 못하여 즉시 환불을 요청하였으나, 규정상 환불은 못해주고 적립금을 줄 테니 나중에 이용하라고 한다. 마음에 안 드는 물건을 사용하고 싶지 않아 환불을 원하는데, 가능한가?

TIP 인터넷쇼핑몰에서 의류를 구입한 경우라면 「전자상거래 등에서의 소비자 보호에 관한 법률」에 의해 배송받은 날로부터 7일 내에는 청약철회가 가능하다. 다만, 색상, 디자인 혹은 사이즈 불만 등의 사유로 청약철회를 요청한 경우 반품비(왕복기준)는 구매자가 부담해야 한다.

홈페이지에 반품, 교환 등이 불가하다고 쓰여 있거나, 굳이 반품을 원할 경우에는 적립금으로 환불 처리된다고 고지되어 있더라도 동법 제35조에 의거 청약철회와 관련하여 소비자에게 불리한 약정은 효력이 없기 때문에 재판매가 곤란할 정도의 제품훼손이 없다면 구입가 환불을 요구할 수 있다.

통신판매업자에 대한 청약철회 의사표시의 방법은 법률상 특별한 제한이 없으므로 전화, 서면, 전자문서 모두 가능하다.

다만, 전화로 의사표시를 한 경우 간혹 판매자가 청약철회 요구를 받은 사실이 없다고 주장하는 경우가 있으므로, 쇼핑몰 게시판에 청약철회 의사를 표시하고 그 화면을 캡처하여 보관하거나 서면으로 발송하는 것이 좋다.

서면으로 발송한 경우에는 발송한 날에 그 효력이 발생한다. 판매자에게 청약철회를 요청하였는데도 특별한 사유 없이 이를 거부할 경우, 신용카드로 대금을 결제하였다면 동법 제18조에 의해신용카드사에 처리를 요구할 수도 있다.

사례 7 할인판매 기간 중 구입한 의류 보상 여부

백화점에서 세일 행사 기간 중 신사복 하의를 40% 할인하여 15만원에 구입하여 착용하다가 세탁소에서 드라이클리닝을 하였는데 허벅지 부분이 심하게 탈 · 퇴색되었다. 판매처에서는 세일 기간 중 판매된 의류에 대해서는 교환과 환급이 불가능 하다고 사전에 고지한 바 있고, 신사복 하의 판매 이후 보상기간(7일)이 경과되어 보상을 할 수 없다고 한다. 어떻게 해야 할까?

TIP 신사복 착용·보관 중 또는 드라이클리닝 후 발생하는 부분 탈·퇴색 현상은 빛과 땀에 의한 훼손이므로 훼손원인을 규명하기 위해 시험검사가 필요하다.

만약 신사복 원단의 염색성 견뢰도 미흡에 의한 탈·퇴색(품질하자)으로 판명될 경우에는 세일 기간 중 구입하고 판매처에서 교환·환급이 불가하다고 설명을 하였더라도 보상을 받을 수 있다.

사례 8 신용카드로 결재한 의류를 반품했는데 처리를 안 해주는 경우

전자상거래로 원피스를 주문하고 대금을 신용카드로 결제를 하였다. 구입 후 7일 이내에 청약철회를 요구하여 물품을 반품하였는데 물품 대금을 환급해 주지 않고 있다. 어떻게 해야 하는가 ?

TIP 신용카드사에 사업자의 다른 채무와의 상계를 요구할 수 있다.

「전자상거래 등에서의 소비자보호에 관한 법률」 제18조(청약철회 등의 효과)는 청약철회 시 사업자가 신용카드로 결제한 대금의 환급을 지연할 경우 신용카드사에 환급에 필요한 조치를 요구할 수 있도록 하고 있다.

이 경우 신용카드사는 환급에 필요한 조치를 취해야 하며 카드사에 사업자에게 지급할 대금이 있을 경우 이를 주지 않고 소비자가 결제한 대금을 상계처리한 후 소비자의 결제대금의 매출을 취소해 주어야 한다.

사례 9 전자상거래로 구입한 물품반환시 현금환급 여부

전자상거래로 니트를 구입한 후 7일 이내에 청약철회를 요구하여 물품을 반품하였는데 물품 대금을 현금으로 환급해 주지 않고 적립금을 처리하고 나중에 다른 물건을 구입하라고 한다. 현금 환급이 가능한가?

TIP 현금으로 환급받을 수 있다.

「전자상거래 등에서의 소비자보호에 관한 법률」 제18조(청약철회 등의 효과)는 청약철회시 소비자는 이미 공급받은 제품을 사업자에게 반환해야 하며, 사업자는 물품을 반환 받은 날로부터 3영업일 이내에 이미 지급받은 대금을 환급해야 한다고 명시하고 있다.

사업자가 대금의 환급을 지연할 경우에는 가산이자를 지급하도록 하고 있다.

사례 10 품질표시가 없는 의류가 세탁 후 심하게 수축된 경우

재래시장 내 의류매장에서 투피스를 95만원에 구입하였다. 의류에 품질표시 및 취급표시사항이 전혀 부착되어 있지 않아 드라이클리닝을 하는 의류가 아니라고 판단되어 물세탁을 하였는데 심하게 수축되어 착용할 수가 없다. 이런 경우 보상이 가능한가?

TIP 취급표시가 없다면 제조업체에게 책임을 물을 수 있다. 의류에 대해서는 품질표시를 반드시 하도록 법이 규정하고 있다.

취급표시가 없는 의류는 세탁방법에 대한 정보가 소비자에게 제대로 전달되지 않았기 때문에, 세탁사고가 발생한 경우 제조업체는 책임을 면할 수 없다.

사례 11 세탁사고나 분실로 인한 보상액 산정

세탁소에 세탁을 맡긴 후 세탁사고나 분실 등으로 인한 피해가 발생한 경우세탁업자는 과실을 인정하고 보상을 해주겠다고 하나 배상금액에 대해 서로의 주장이 엇갈리는 경우가 많다. 이 경우 어떻게 처리해야 할까?

TIP 세탁물에 대한 '소비자분쟁해결기준'과 '세탁업 표준약관'에 세탁물 분실이나 사고 시 배상액을 계산하는 방법이 정해져 있다.

배상금액에 대하여 세탁업자와 의견이 일치하지 않을 경우 세탁업에 관한 소비자분쟁해결기준에 명시된 배상비율표를 참고하면 된다. 배상액의 산정방법을 문제가 된 제품의 내용연수와 사용일수를 계산하여 표에 적용하면 배상비율이 나오며 이를 제품구입가격에 곱하면 된다. 배상비율은 최대 95%에서 최소 10%로 정해져 있다.단, 세탁물의 구입가격, 구입일을 소비자가 입증하지 못하여 배상액 산정이 불가한 경우에는 '세탁업 표준약관'에 의하여 세탁업자는 소비자에게 세탁요금의 20배를 배상하도록 되어 있다.

PART 6

자동차 · 기계류 관련 소비자 피해 구제 사례

사례 1 중고차 판매 후 과태로, 세금이 소비자에게 부과된 경우

소비자는 신차를 구입하면서 타던 차량을 중고자동차 매매업소에 판매하였다. 그런데 판매한 차량의 주차위반 과태료와 자동차 세금이 계속 부과되어 확인해보니 이전등록이 안되어 있다. 팔고 난 차량의 주차위반 과태료와 자동차 세금은 누가 부담해야 하는가?

TIP 제세공과금은 인도일 기준으로 정산한다.

자동차관리법 제12조(이전등록)는 자동차매매업 등록을 한 자는 자동차를 매도 또는 매매의 알선을 한 경우 산 사람에 갈음하여 이전등록의 신청을 하도록 규정하고 있다.

그런데 사례의 경우처럼 매매업소에 차량을 판매하였음에도 매매업자가 잔금 지급일로부터 15일 이내에 자동차 소유권이전 등록신청을 하지 않았다고 하면 매매업자의 책임으로 볼 수 있다.

한편 자동차 양도증명서(자동차 매매업자 거래용) 제3조(공과금부담)에 의하면 판매 차량에 대한 제세공과금은 자동차 인도일을 기준으로 하여 정산하도록 되어 있다. 따라서 판매한 차량의 이전등록 지연으로 발생된 주차위반 과태료 및 자동차 세금 부과는 매매업소에서 책임을 져야 한다.

사례 2 중고차 구입 후 1개월 이내에 엔진고장이 발생한 경우

2010년식 중고 차량을 중고자동차 매매업소에서 550만원에 구입하였다. 그런데 구입 후 15일 정도 지난 시점에 엔진내부 피스톤이 망가져 엔진수리비 150만원이 발생되었다. 이 경우 엔진수리비를 중고자동차 매매업소에서 보상을 받을 수 있는가?

TIP 중고차량의 보증기간은 당사자간의 약정에 의한다. 만약 당사자간에 특별한 약정이 없으면, '소비자분쟁해결기준'에 의하여 해결하면 된다.

'소비자분쟁해결기준'에 따르면 중고차량 매매 후 30일 이상 또는 주행거리

2,000km 이상으로 보증기간을 정해야 한다고 하고 있으므로 구입 후 15일만에 하자가 발생하였으므로 수리비 보상을 받을 수 있다. 단, 주행거리가 2,000km를 넘지 않아야 한다.

사례 3 사고차량을 속여서 판매한 경우

매매상사로부터 보닛 부분만 단순교체를 하였다고 하여 이를 믿고 2010년식 카니발 차량을 980만원에 구입하였다. 그런데 구입 후 1주일정도 지난 시점에 변속기에 하자가 발생하여 정비업소에서 점검을 받은 결과 사고로 인해 엔진룸까지 수리한 사실이 확인되었다. 매매상사는 사고사실을 알지 못하였다는 이유로 책임을 회피하는데 어떻게 해야 하는가?

TIP 중고매매 사업자는 사고 유무에 대해 정확하게 고지할 의무가 있다.

중고자동차 매매사업자는 중고자동차를 판매하기 전 자동차관리법상의 중고자동차 성능점검기록부 양식에 의해 자동자의 상태를 표시한 내용을 소비자에게 고지하고, 서면을 교부하여야 한다.

따라서 매매사업자로부터 중고자동차를 구입할 때 무사고 차량이라고 고지한 내용이 사고차량으로 확인될 경우 매매상사에서 그 사실을 몰랐다고 하더라도 매매상사측에 손해배상을 청구할 수 있다.

참고로 사고이력에 대한 정확한 정보조회는 보험개발원의 사고이력정보조회서비스(www.carhistory.co.kr)를 이용하면 된다.

사례 4 차량 대여기간 중 차량사고가 발생한 경우

렌터카를 이용하여 가족들과 함께 휴양지로 가던 중 운전부주의로 고속도로 중앙분리대를 들이받아 차량이 파손되었다. 보상은 어떻게 해야 하는가?

TIP 임차인이 차량수리비와 휴차손해를 부담하여야 한다.

자동차대여 표준약관상 대여차량은 자동차종합보험 대인 및 대물보상, 자손은 보험에 가입되어 있지만 자차보험은 임차인의 요청에 의하여 선택할 수 있게 되어 있다.

차량손해보험을 가입하지 않을 경우 임차인의 귀책사유로 인한 손해가 발생하였을 때에는 사고차량의 수리비를 임차인이 부담해야 한다.

만약 수리가 불가능한 경우에는 사고당시의 시가를 기준으로 한 실손해를 임차인이 배상하여야 한다.

또한 임차인의 귀책사유로 인한 사고로 사고차량을 운행할 수 없을 때에는 수리기간 중 휴차로 인한 회사의 실손해를 부담하여야 한다.

사례 5 주행거리가 조작된 중고차량을 구입한 경우 보상 여부

외관이 멀쩡하고, 계기판의 주행거리가 13만km인 2005년식 중고승용차를240만원에 구입하였다. 구입직후 시동불량 등 하자가 많아 차량등록원부를 확인해보니 실제 주행거리가 26만km로 조작된 것을 알게 되었다. 피해보상이 가능한가?

TIP 중고자동차매매업 관련 소비자분쟁해결기준에 의하면, 구입한 중고자동차의 주행거리가 조작된 것이 확인될 경우 소비자는 매매계약의 해제 또는 주행거리조작에 따른 손해배상을 받을 수 있다.

또한 자동차관리사업자의 주행거리 무단변경 행위는 자동차관리법에 의거 징역 또는 벌금형에 처해질 수 있다.

사례 6 차주의 동의 없이 임의분해 후 탈착비용을 청구하는 경우

차량 운행중 고속도로에서 사고가 발생했다. 관할경찰서에서 나와 사고조사를 하던 중 견인차 기사가 다가와서 수리비가 저렴한 가까운 정비공장으로 견인을 하겠다고 하여 견인을 허락하고 견인기사 명함만 받았다. 이후 견인기사에게 전화를 하여 입고된 정비업소를 방문 해보니 파손된 부분에 대해 일부 분해를 하고 있어 정확한 수리비 견적이 확인되지 않은 상태에서 임의 로 분해하는 것은 문제가 있다고 항의하고, 다른 정비업소로 견인을 해 가겠다고 하니 탈착비용 50만원을 청구한다. 탈착공임비를 지불해야 하는가?

TIP 「자동차관리법」제58조(자동차관리사업자의 고지 및 관리의 의무 등) 제4항에서는 자동차정비업자는 정비 시 사전 정비 의뢰자의 요구 또는 동의 없이 임의로 자동차를 정비하지 못하도록 규정하고 있다.

사고차량은 정비업소에 따라 정비요금(부품비, 공임비)의 차이가 있을 수 있고, 또한 정비업소의 기술 및 신뢰도에 따라 사후 하자보수에 따른 문제가 발생될 수 있기 때문에 믿을 만한 정비업소에 수리를 의뢰하시는 것이 수리에 대한 보증책임과 과다한 수리비 지불을 막을 수 있다.

정비 의뢰자와 사전 협의 후 사고부위 탈착을 진행하여야 함에도 사례의 경우처럼 사전 협의 없이 탈착한 것에 대한 탈착비용은 의뢰인이 부담하지 않아도 된다.

사례 7 접촉사고 후 먼거리로 견인을 한 경우

주행중 교통사고로 견인을 하게 되었다. 사고로 인해 정신이 없는 사이 견인자동차가 임의로 먼 거리에 있는 공업사에 차량을 입고한 후 과다한 금액의 견인비용을 청구하고 있다. 이러한 경우 견인비용을 전액 지급하여야 하는가?

TIP 견인요금은 견인차량의 차종, 작업시간, 견인거리, 야간, 험로 등의 특별 작업조건에 따른 요금이 있고, 단순 견인이 아닌 견인을 위한 구난작업이 필요하거나 특수한 상황에서 견인작업이 이루어진다면 견인요금 외에 구난료, 할증료 등을 가산한 요금이 적용된다. 그러므로 작업시간과 인원, 동원된 구난장비 및 차량종류 등을 꼼꼼히 확인하여야 한다.

「화물자동차운수사업법」은 견인사업자로 하여금 부당한 운수조건을 제시하지 못하도록 규정하고 있고 이를 위반하여 부당요금을 받을 경우 행정처분을 받게 된다. 견인사업자가 부당한 요금을 강요할 경우에는 관할구청에 신고할 수 있다. 특히 견인요금을 지불할 경우에는 세금계산서 등 영수증을 받아두어야 추후 차액에 대한 환급 등을 요구할 수 있다.

사례 8 차량하자로 교환사유 발생 후 구입가 환급 여부

중형승용차 구입 후 여러 차례 수리를 했음에도 불구하고 차량의 엔진부조화현상이 계속해서 반복적으로 발생되어 차량교환을 요구하였으나 수리만 계속 받으라고 하여 2개월간 이의를 제기하던 중 지금에 와서는 차량을 교환해주겠다고 한다. 2개월간 도저히 문제의 차량을 이용할 수 없어서 다른 차량을 구입하였다. 차량을 교환받기보다는 구입가 환급을 받고 싶다. 구입가 환급을 받을 수는 없는가?

TIP 소비자분쟁해결기준에서는 신차 구입 후 1년 이내에 주행 및 안전도 등과 관련한 중대한 결함으로 차량교환 사유에 해당되는 경우에는 차량교환 또는 구입가 환급의 분쟁해결기준을 정하고 있으며,「소비자기본법시행령」제9조(소비자분쟁해결기준의 적용)는 분쟁해결기준을 두 가지 이상 정하고 있는 경우에는 소비자의 선택에 따르도록 규정하고 있다.

따라서 구입가 환급을 요구할 수 있다.

사례 9 리콜차량의 경우 이미 지급한 수리비 환급 여부

수입 승용자동차를 운행하던 중 얼마 전 조향장치 오일이 계속 감소하여 확인한 결과, 호스에서 오일이 누유되는 것을 확인하여 서비스센터에서 수리비를 지급 후 수리를 받았다. 그런데 최근 동 차량에 수리한 부분과 동일한 부품에 대한 리콜이 진행되는 것을 알게 되었다. 수리비를 환급받을 수 있는가?

TIP 자동차의 안전운행에 지장을 줄 수 있는 중대한 결함이 발생했을 때 자발적 또는 강제적으로 시정명령이 이루어지게 되는데, 자동차의 제작결함 시정이 공표되면 해당 차량의 결함에 대해서는 무상수리 등을 받을 수 있다.

또한 1년 전까지 동일 부위를 수리한 사실이 있으면 수리비 환급이 가능하다(자동차관리법 제31조의 2).

사례 10 차량 네비게이션 구입 후 업데이트가 중단된 경우

내비게이션을 구입하여 사용하면서 수시로 맵 업데이트를 받아왔다. 그런데얼마 전 맵 업데이트가 되지 않아 제조업자에게 연락하여 맵 업데이트를 요구하니, 사업자는 맵 업데이트를 제공하는 협력업체가 부도가 나서 더 이상 업데이트가 불가하다는 답변만 한다. 이 경우 어떻게 해야 되는가?

TIP 네비게이션의 맵 업데이트는 수시로 변화하는 도로환경을 고려할 때 매우 중요하다.

내비게이션의 맵 업데이트가 주기적으로 이루어지지 않거나 중단이 된다면 네비게이션으로서의 정상적인 기능을 수행하지 못하는 것으로 볼 수 있다.

사례와 같은 경우에는 당초 약정한 기간 동안의 맵업데이트를 요구하거나 이에 대한 손해배상을 청구하여 받아낼 수 있다.

PART 7

정보통신 관련 소비자 피해 구제 사례

사례 1 ✧ 무료이벤트 참여 후 자동소액결제로 유료회원이 된 경우

> 음악다운로드 무료이벤트에 참여하여 7일 동안 무료로 음악을 다운로드 받았다. 8일째 되는 날 새벽에 문자로 7,700원 결제되었다고 안내를 받았고, 사용할 의사가 없어서 계약해지 및 환급요구 하였다. 그런데 사업자는 이미 결제된 금액에 대해서는 환급을 못해준다고 한다. 어떻게 해야 할까?

TIP 공정거래위원회에서는 무료이벤트에 참여한 소비자가 유료회원으로 전환될 때, 전환시점에서 소비자의 개별동의가 필요하다고 하면서, 약관에 무료이벤트 기간이 지난 후 자동으로 결제된다고 기재한 것은 부당하여 사업자들의 시정을 권고한 바 있다.

따라서 무료이벤트 참여로 인한 무료회원에서 유료회원으로 전환할 때, 사업자로부터 고지 받지 못한 채 자동으로 결제되었다면 이는 부당한 것으로 사업자에게 서면으로 객관적인 자료를 구비 후 이의제기를 하면 된다.

사례 2 ✧ 신종 스미싱 사기피해의 경우 대금환급 여부

> 스마트폰으로 '햄버거상품권 무료쿠폰'을 준다는 문자메시지를 받고 해당 인터넷주소를 클릭한 적이 있는데, 다음 달 휴대폰 요금청구서에 소비자가 이용하거나 결제하지도 않았는데 게임사이트에서 5만원씩 총 15만원이 소액결제되었음이 확인되었다. 해당 사업자에게 알아보니 근래 사회적으로 이슈화되고 있는 스미싱(sms+fishing) 사기라고 한다. 결제에 필요한 승인번호 등을 제공한 적이 없어 소비자가 모르게 자동 결제된 대금에 대해 환급이 가능한가?

TIP 한국소비자원 소비자분쟁조정위원회에서는 2013. 3. 18. 위와 같은 스미싱 피해에 대해 이동통신사업자와 결제대행업자, 그리고 게임회사 모두에게 손해배상 책임이 있음을 인정하는 조정결정을 한 바 있다.

이에 따르면, 청구대행업체인 이동통신사업자에게는 「정보통신망 이용촉진 및 정보보호 등에 관한 법률」 제60조 제1항에 근거하여, 통신과금서비스를 제공함에 있어 통신과금서비스 이용자에게 손해가 발생한 경우에 해당하므로 손해배상책임이 있다고 하였다.

한편 소액결제의 인증번호를 생성하고 관리하는 결제대행업자(PG: Payment Gateway)에게는 인증정보의 보안 유지에 필요한 조치를 다하지 못한 점을 들어「전자금융거래법」 제9조 제1항에 근거한 손해배상책임이 있다고 하였다.

한편 게임회사인 컨텐츠 제공업자(CP: Contents Provider)도 모바일 소액결제 거래에서 본인확인 의무를 다하지 못한 책임이 있다고 보아 공동불법행위자가 될 수 있다고 판단한 바 있다.

사례 3 이동전화 정액요금제 신청 후 과다한 요금이 청구된 경우

이동통신대리점에서 자녀 명의로 이동전화서비스 계약을 체결했다. 사용자가 미성년자라서 월 3만원의 정액요금제를 신청했으며, 같이 신청한 위치추적기능은 이용요금이 따로 부과되지 않는다고 안내를 받았다. 그런데 요금청구서를 받아보니 무선인터넷 이용요금이라며 46만원이 청구되었다. 월 3만원의 정액요금제를 초과한 요금이 발생했는데, 초과요금을 내야 하는가?

TIP 청소년 정액요금제는 미성년 자녀의 보호를 위해 음성통화의 상한금액을 정하여 사용할 수 있는 요금제도이다. 그러나 한도에 포함되지 않는 선택적 항목(부가세, 정보이용료, 수신자부담요금, 발신번호표시서비스 등 유료 부가서비스)이 있다. 가입당시 계약서 및 이용약관에 상한금액에서 제외되는항목이 기재되어 있으므로 계약서 및 이용약관을 꼼꼼히 확인하고 사용해야 피해를 예방할 수 있다.

사례의 경우 계약시 고지하지 않은 부분이 확인된다면 초과요금을 내지 않아도 된다.

사례 4 ◆ 장애가 잦은 초고속인터넷 중도해지 요구시 위약금

> 2011. 4월 초고속인터넷서비스에 3년 약정으로 가입해 사용하던 중 2013년 초부터 인터넷 속도가 자주 느려져 2013. 1월에만 10회 이상의 장애신고를 하고 3회의 점검을 받았다. 이후에도 불편이 개선되지 않아 사업자에게 중도해지를 요청하니 약정기간이 만료되지 않았다는 이유로 약 20만원의 해지 위약금을 청구하고 있다. 이 경우 해지 위약금을 내야하는가?

TIP 초고속인터넷통신망 서비스업에 관한 소비자분쟁해결기준에 의하면 1시간 이상의 서비스 장애가 월별 5회 이상 발생하거나 1개월 동안의 서비스 중지 또는 장애발생 누적시간이 72시간을 초과할 경우 위약금(가입 시 면제한 설치비 및 할인혜택 포함) 없이 계약해지가 가능하다.

사례의 경우 소비자의 장애발생 신고 시간을 보면, 이에 해당하므로 사업자의 위약금 청구는 부당한 것으로 보인다.

사례 5 ◆ 이동전화 단말기 할부대금 대납 약정을 이행하지 않는 경우

> 인터넷을 통해 단말기 대금 58만원을 32만원에 구입하고 대신 24개월 할부로 결제 후 매월 할부대금을 대납받기로 하고 번호이동을 하였다. 그러나 6개월 이후부터 약속하였던 대금이 입금되지 않아 이동전화사업자 대리점 및 본사에 여러 차례 문의했으나 서로 책임만 회피하고 있다. 약속했던 대금을 환급받을 수 없는가?

TIP 최근들어 이동전화 사업자가 신규 가입자 확보를 위해 무리한 지원을 약속한 후 이를 불이행하는 경우가 종종 있으며 편법으로 단말기 할부금 지원을 약속하고 이를 이행하지 않는 사례가 빈번하다. 이와 같은 피해를 보상받기 위해서는 개통 당시의 조건을 반드시 계약서로 작성, 보관해야 한다.이와 같이 계약서상에 단말기 대금 지원 조건이 기재되어 있다면 계약이행을 요구할 수 있다.

단말기 보조금 지원은 2006년 3월부터 일부 합법화되어 있으나「전기통신사업법」제36조의4(통신단말장치 구입비용의 지원 금지 등)에서는 구입비용의 지원일을 기준으로 같은 전기통신사업자가 제공하는 기간통신역무의 이용기간이 연속하여 18개월 이상인 이용자에게 지원하는 경우로만 일부 허용(그 지원일부터 기산하여 2년 이내에 1회에 한정)하고 있으며 동 규정 제4항과 제5항에 의하여 통신단말장치의 구입비용을 정당한 사유 없이 차별적으로 지원하거나 초과해서는 아니된다고 규정하고 있다.

사례 6 명의를 도용당해 이동전화 이용요금이 청구된 경우

며칠 전 서울보증보험회사에서 신용불량자로 등재될 것이라는 통보를 받았다. 확인해보니, 본인의 이름과 주민등록번호로 이동전화서비스 3회선이 신청되어 있었으며, 본인의 명의를 도용하여 이동전화서비스에 가입하고 사용하던 중 요금미납으로 직권해지가 되어 있었다. 이동전화서비스 고객센터에서는 대리점과 알아서 해결하라고 하고 대리점에서는 오래되어 기억이 나지 않는다며 서로 책임을 회피하고 있다. 계약 취소가 가능할까?

TIP 명의도용으로 인한 계약은 취소할 수 있다.이동전화사업자는 이동전화이용계약 체결 시 본인 여부의 확인 소홀로 인한 피해가 발생한 경우 선의의 제3자에게 일체의 요금 청구행위를 할 수 없다.

만약 가입하지 않은 이동전화에 대한 미납요금 청구 및 신용불량자 등재 예고를 받았다면 해당 이동전화사업자의 고객센터나 지점으로 문의하여 계약서 등 가입과 관련한 기본적인 사항을 확인하고, 가까운 지점에 명의도용 신고서를 제출하여야 한다. 신고서를 접수한 이동전화사업자가 사실 확인 결과 명의도용에 의한 가입임이 밝혀지면 피해자에 대한 체납요금 청구 및 신용상 불이익은 해소된다. 또한 명의도용 신고 과정에서 실사용자의 성명, 신분증번호, 주소지, 자동이체계좌 등 명의도용 인적사항을 추정할 수 있는 근거가 확인될 경우에는 관할 경찰서에 형사고발하여 처벌을 받게 할 수도 있다.

사례 7 부모 동의 없는 미성년자의 이동전화 계약의 경우

미성년자인 자녀가 부모의 동의없이 이동전화서비스 계약을 체결하여 사용하고 있었으나, 부모는 최근에 이용료 체납으로 신용정보회사에서 불량거래자로 등록하겠다는 통보서를 받고 알게 되었다. 이동전화서비스 사업자에게 계약해제를 요구하였으나 거절당했다. 계약취소가 가능할까?

TIP 「민법」 제5조에 의하면, 미성년자가 법률행위를 하려면 원칙적으로 법정대리인의 동의를 얻어야 한다. 이를 위반한 경우에는 그 법률행위를 취소할 수 있다. '이동전화이용약관'에도 이동전화서비스업체는 미성년자 가입시 법정대리인(부모 등)의 동의를 받지 않고 체결한 이용 계약이나 타인(부모, 친인척, 지인관계 등)의 명의를 도용하여 체결한 이용계약의 경우에는 그 이해당사자의 해지 요구에 반드시 응해야 하며 미납요금 및 잔여 위약금에 대하여 청구행위를 할 수 없다고 되어 있다.

따라서 미성년자가 부모의 동의 없이 이동전화서비스 이용계약을 체결한 사실을 인지하였다면 미성년자의 법정대리인(부모 등)은 해당 계약의 해제를 요구할 수 있다. 그러나 법정대리인이 미성년자의 계약을 인지한 후에 계약내용의 일부를 이행한 사실(이용요금 납부 등)이 있다면 취소할 수 있는 행위를 추인한 것으로 간주하여 계약행위의 취소를 요구할 수는 없고 계약의 해지만을 요구할 수 있을 뿐이다.

사례 8 품질보증기간 내 동일하자가 자주 발생한 경우

모 전자회사의 이동전화 단말기를 315,000원에 구입하였다. 구입 3개월 후부터 전원이 꺼지는 하자가 발생하여 수리를 받았으나 하자가 개선되지 않아 그 후로 4회 수리를 더 받았습니다. 그러나 하자가 개선되지 않아 제품 구입가 환불을 요구하였더니 거절한다. 어떻게 해야 할까?

TIP '소비자분쟁해결기준'에는 품질보증기간 이내에 정상적인 사용상태에서 발생한 성능 기능상의 하자에 대해 동일하자의 경우 3회까지 수리를 하였으나 고장이 재발하면 4회째는 제품교환 또는 구입가 환급을 하고, 여러 부위의 고장으로 총 4회 수리를 받았으나 고장이 재발한 경우 5회째는 제품교환 또는 구입가로 환급할 수 있도록 하고 있다.

따라서 정상적인 사용상태에서 발생한 하자라면 조치를 취할 수 있다.

사례 9 약정할인 받은 휴대폰 단말기 하자의 경우 환급문제

2012.7. A통신사 이동전화 1회선을 개통하며 B사가 생산한 휴대폰을 총액 662,200원 24개월 할부로 구입했다. 당시 A사가 제시한 구입조건은 24개월간 특정 요금제를 유지하면 매월 약정할인 및 요금제할인 등으로 총 22,000원을 지원해 준다는 것이었다. 그러나 이후 단말기 하자로 인하여 약 8개월간 총 5회의 수리를 받았고, 결국 B사로부터 환불판정을 받았는데 A통신사가 지원해준 월 22,000원의 금액을 공제한 48만여원만 환급해 주겠나고 한다. A통신사에서 지원받은 금액을 공제하고 환불하는 것이 타당한가?

TIP '소비자분쟁해결기준'에 따르면 환급금액은 실제 구입가이며 단말기 출고가와 실제 구입가가 다른 경우에는 실제 구입가를 기준으로 환급하여야 한다. 다만, 실제 구입가가 영수증 등에 기재된 금액과 다를 경우에는, 그 다른 금액을 주장하는 자가 실제 구입가를 입증해야 하며 계약서 내용에 따라 환급액 산정이 달라질 수 있다.

위의 사례에서는 계약서에 기재된 단말기 실제 구입가를 환급하는 것이 적절할 것이며 단말기 가격의 일부를 통신사에서 부담하는 조건으로 계약한 경우(ex. 이용기간 약정에 따른 통신지원금 등의 형태)에는 계약 해지 시 발생하는 위약금까지 포함하여 단말기 제조사에서 소비자에게 환급해야 할 것이다.

사례 10 이벤트 응모 후 부가서비스요금이 청구된 경우

인터넷을 하던 중 휴대폰 번호를 입력하면 사은품을 제공한다고 하여 이름, 주민등록번호, 인증번호를 입력하였으나, 사은품을 받지 못했다. 그런데 최근 이동전화요금청구서에 알지 못하는 요금이 청구된 것을 발견하고 이동통신사에 문의하자 이벤트 응모는 부가서비스 무료체험 이벤트였으며 무료체험 기간 내에 해지신청을 하지 않아 유료로 자동 전환되었다고 한다. 3개월간 쓰지도 않은 부가서비스 대금이 인출되었는데 환불받을 방법은 없는가?

TIP '소비자분쟁해결기준'에 따르면 무료서비스 사용 후 소비자 동의 없이 유료서비스로 전환되어 피해가 발생한 경우 유료로 전환된 시점에서 부과된 요금 환불 및 계약해지가 가능하다. 따라서 무료서비스가 종료되고 유료로 전환될 시점에 소비자의 동의 절차를 밟지 않았다면 요금 환급을 받을 수 있다.

다만 '이동통신사 이용약관'에 따르면 이용요금 이의신청은 6개월 이내에 청구하도록 되어 있으므로 6개월이 지난 경우 환불이 어려울 수 있다. 매월 송부되는 요금고지서를 확인하고 세부 청구내역을 체크하는 것이 매우 중요하다.

PART 8

금융·보험 관련 소비자 피해 구제 사례

사례 1 지필서명이 없다는 이유로 보험료를 삭감지급하는 경우

신청인은 2010.2.1 보험에 가입하면서 신용불량자라서 보험금 수령시 어려움이 있다는 보험설계사의 권유에 따라 동생을 보험계약자로 하고 자필서명은 신청인이 대필하였다. 그런데 한 달 후 자궁암 진단을 받아 보험금을 청구하자 보험계약자가 직접 서명하지 않았다며 보험금의 75%를 삭감하여 지급하겠다고 한다. 어떻게 해야 하는가?

TIP 타인의 사망보험에서는 피보험자의 서면에 의한 동의가 필요하다(상법 제731조 제1항). 그런데 타인의 사망보험 계약의 성격은 보험계약자 및 피보험자 모두 동일하여 도덕적 위험이 없어 실질적으로는 타인의 사망보험에 해당하지 않는다.

사례의 경우처럼 보험계약자의 자필서명이 없었다고 하더라도 보험계약에 대해 양당사자가 서로 승낙한 경우라면 보험계약의 효력은 발생하므로 보험사의 보험금은 삭감없이 지급되어야 한다.

사례 2 상조계약체결시 일시불로 납부한 선입회비 환급 여부

상조계약을 체결하면서 선입회비로 1구좌당 50만원을 일시불로 납입하였고 장례발생시 장례행사비용을 추가로 납입하는 상조계약을 체결하였다. 최근에 상조계약을 계속 유지할 의사가 없어져 선입회비의 환급을 요구하였더니 상조약관에 환급은 되지 않는다고 명시되어 있다면서 환급을 거절하고 있다. 선입회비를 반환받을 수 있는가?

TIP 「할부거래에 관한 법률」제25조에서는 소비자가 선불식 할부계약을 체결하고, 그 계약에 의한 재화 등의 공급을 받지 아니한 경우에는 그 계약을 해제할 수 있다고 규정하고 있다. 한편 「약관의 규제에 관한 법률」에서는 고객의 해제권 또는 해지권을 배제하거나 그 행사를 제한하는 조항은 무효라고 규정하고 있다. 따라서 환급은 되지 않는다는 사업자의 약관조항은 무효이며 사업자는 소비자분쟁해결기준에 따른 환급금을 소비자에게 지급해야 한다.

사례 3 상조계약 해지시 과다한 위약금을 청구하는 경우

2008년 9월경 계약금 78만원만 납입을 하면 추가적인 부담 없이 장례 서비스 일체를 제공받을 수 있다고 하여 상조회원에 가입했다. 그런데 추후 확인을 해보니 실제 장례서비스를 받을 경우 2백50만원에서 3백50만원 정도의 추가적인 비용이 발생된다는 것을 알게 되었다. 당초 계약 내용과 다르고 장례서비스 내용도 마음에 들지 않아 2012년 9월경에 계약해지를 통지하였다. 그런데 사업자는 계약금 78만원은 영업비, 상해보험, 공증비 및 기타 경비로 지출이 되었기에 실제 환급금액이 20만원 정도 밖에 안 된다고 한다. 전액 환급을 받을 수 없는가?

TIP 공정거래위원회에서는 선불식 할부계약의 해제에 따른 해약환급금 산정기준을 고시하고 있다.

해당 고시에 따르면 2011.9.1. 이전 상조계약의 경우 계약해지 시 '소비자분쟁해결기준'(2010.1.29. 공정거래위원회 고시 제2010-1호) 별표Ⅱ 제15호에 따라 해지환급금을 지급하도록 하고 있다.

사례의 경우 소비자가 체결한 상조계약은 부정기식 상조계약으로서 소비자분쟁해결기준에 의해 환급률이 80.5%이므로 사업자는 627,000원을 소비자에게 환급해야 한다.

사례 4 상품권 사용 후 잔액 환급을 거절하는 경우

상품권 발행업자가 지정한 판매점에서 8만원의 물품을 구입하기 위해 10만원권 상품권을 제시했다. 판매점측에서는 잔액 2만원을 상품권으로 받을 것을 요구하는데 현금으로 받을 수가 없는가?

TIP 현행 소비자분쟁해결기준에는 권면금액이 1만원을 초과하는 상품권의 경우 권면금액의 60% 이상에 상당하는 구매를 하는 경우 소비자의 요구가 있으면 잔액을 현금으로 환급토록 규정하고 있다. 또한 권면금액 1만원 이하인 상품권은 권면금액의 80% 이상을 사용하는 경우 잔액을 현금으로 환급토록 규정하고 있다.

따라서 사례의 경우 잔액 20,000원을 현금으로 환급받을 수 있다.

사례 5 분실된 신용카드로 현금서비스 된 경우 보상 여부

전철을 타고 출근하던 중에 주민등록증, 운전면허증, 신용카드 등이 들어있는 지갑을 분실했다. 즉시 신용카드사에 분실신고를 하였으나, 이미현금서비스 2백만원이 인출되었다. 다음 날 신용카드사에 보상신청을 하자, 신용카드사는 비밀번호 유출로 인해 현금서비스가 발생된 사건이라며 보상을 거부하고 있다. 보상을 받을 수 있을까?

TIP '신용카드 회원약관'에 의하면 회원이 카드를 도난·분실하고 이 사실을 인지한 즉시 카드사에 신고한 경우, 신용카드사는 분실·도난 신고 접수시점으로부터 60일전 이후에 발생한 제3자의 카드 부정사용금액에 대하여 보상을 해주어야 한다.

그러나 회원의 책임있는 사유(회원의 고의 부정사용, 카드의 미서명, 관리소홀 대여, 양도 등으로 인한 부정사용, 가족에 의한 사용, 신고 지연, 현금융통 등)로 인한 부정사용의 경우에는 보상하지 않는다.

그런데 현금서비스, 카드론, 전자상거래 등 비밀번호를 본인확인수단으로 활용하는 카드거래에서 발생하는 제3자의 카드 부정사용에 대해서는 책임을 지지 않는다고 명시하고 있어, 사례의 경우와 같이 현금서비스 부정사용 건은 보상받기가 어렵다.

참고로 대법원의 판례에 의하면, 비밀번호 유출부분에 대한 고의·과실이 없음에 대한 입증책임을 회원에게 부과하여 이를 입증하지 못하면 카드사에게 보상책임을 묻기 어렵다고 판시한 바 있다.

사례 6 사용하지 않은 신용카드의 연회비

몇 년 전 신용카드를 발급받아 한번도 사용하지 않고 보관하고 있다. 그동안 연회비 청구가 없었는데 이번에 카드를 사용하고 대금청구서를 받아보니 지난 2년간의 연회비가 청구되어 계좌에서 인출되었다. 지난 기간에 대한 연회비 청구가 타당한가?

TIP '신용카드표준약관'에 의하면, 카드사는 연회비 부과 시점을 기준으로 1년 이상 사용하지 않은 카드에 대한 연회비는 부과하지 않고, 회원이 유효기간이 도래하기 전에 카드를 해지하는 경우 카드사는 카드사가 정한 합리적인 반환기준에 따라 기 납부한 연회비를 월할 계산하여 반환하여야 한다.

다만, 회원이 바우처, 할인 등 부가서비스 이용시 제휴업체에 지급한 비용은 반환하지 않을 수 있다.

따라서 신청인이 카드사용을 하지 않았다고 한다면 최초 연회비를 제외한 나머지 연회비를 환급받을 수 있다.

사례 7 부재중인 배우자의 보험계약 변경 가능 여부

보험계약자인 처가 가출로 연락이 되지 않고 있다. 보험회사에 계약의 해약과 함께 해약환급금 지급을 요구하였으나 남편은 계약자가 아니란 이유로 거절되었다. 남편이 그 계약에 대한 해약 후 환급금을 요구할 수 없는가?

TIP 계약의 체결 및 보험료 납입 의무 등 계약상의 권리와 의무를 가진 자를 보험계약자라 하며, 계약내용의 변경 시에는 계약자가 회사의 승낙을 얻어 변경을 할 수 있다. 즉 계약자의 동의 없이는 계약의 해지, 내용의 변경 등은 요청할 수 없다.

다만 계약자의 실종 또는 사망의 확률이 높은 사변이 있어 사망이 확실한 경우 일정한 요건을 충족하여 법원으로부터 실종선고를 받음으로써 부재자의 사망이 간주되거나, 인정사망으로 추정되는 경우 계약자의 상속인에게 그 권리·의무관계가 귀속하게 된다.

따라서 사례의 경우처럼 단순한 배우자의 부재만으로는 상대 배우자가 그 계약의 권리를 주장할 수 없다.

♣ 실종선고제도

생사불명이 일정기간, 즉 실종기간이 계속된 경우에 법원이 하는 선고를 말한다. 즉 부재자의 생사가 5년간 분명하지 아니한 때에는 법원은 이해관계인이나 검사의 청구에 의하여 실종선고를 하여야 한다. 전지에 임한 자, 침몰한 선박에 있던 자, 추락한 항공기 중에 있던 자 기타 사망의 원인이 될 위난을 당한 자의 생사가 종료한 후 1년간 분명하지 아니한 때에도 위와 같다(민법 제27조).

♣ 인정사망제도

수난, 화재 등 사망의 확률이 대단히 높은 사변에 있어서 사망의 확증은 없으나 사망한 것이 거의 확실한 경우에는 이를 조사한 관공서의 사망보고에 따라 사망한 것으로 인정하는 제도를 말한다.

사례 8 대출금 일시불상환시 중도상환수수료 조정 여부

아파트 대출금을 받았다가 4개월 이자를 연체하자, 은행이 대출금의 기한의 이익을 상실시키며 일시불 상환을 요구하여 대출금 전액을 일시 상환하였다. 그런데 은행에서는 대출금을 중도에 상환하였다며 중도상환수수료를 청구하여 지급하였는데, 은행측의 중도상환수수료 요구가 정당한가?

TIP 은행이 채무자로부터 중도상환수수료를 받는 것은, 당초 약정기간동안 대출금을 운용하여 얻을 수 있는 수익을 채무자가 기한 전에 미리 갚음으로 인해 얻지 못하게 되는 것에 대한 보전 성격이 있는 수수료이다.

그런데 사례의 경우에는 채무자가 대출금을 연체하게 되어 기한의 이익이 상실되어 은행이 강제적으로 대출금 일시 상환을 요구하여 채무자가 대출금을 상환하게 된 것이므로 은행측의 중도상환수수료 요구는 타당하지 않다.또한 '은행여신거래기본약관' 제9조(기한전의 임의상환)에 명시된 수수료의 취지에도 맞지 않는다.

사례 9 이혼한 경우 배우자의 종피보험자 지위 변경 여부

부부형 연금보험에 가입한 후 현재는 이혼한 상태인데 재혼하는 경우에 종피보험자를 변경할 수 있는가?

TIP 부부형 보험의 경우 신분등록법상 또는 주민등록상 배우자가 종피보험자 자격이 있다. 그러므로 이혼을 하게 되면 이혼 전의 배우자는 종피보험자의 자격을 상실하고 재혼하면 재혼한 배우자가 종피보험자의 자격을 취득하게 된다. 이 경우 보험계약자는 보험약관에서 규정하고 있는 종피보험자 변경가능기간 내에 종피보험자의 변경 사실을 보험회사에 알리고 승낙을 받으면 종피보험자를 변경할 수 있다.

다만, 이혼 전 보험사고로 인해 전 배우자가 제1급 장해나 사망으로 보험금을 수령한 때에는 재혼한 배우자를 종피보험자로 변경할 수 없다. 반면에 전 배우자의 제1급 장해나 사망으로 보험금을 수령하지 않은 경우 보험회사의 동의하에 변경할 수 있다.

사례 10 계속보험료 미납과 보험계약의 해지

보험사에 자동차보험을 가입하면서 보험료는 6회 분할하여 납부하기로 하였는데, 선행차량을 연쇄추돌하는 사고로 보험금을 청구하자, 보험회사는 계속보험료 3회분을 미납했으므로 보상을 해줄 수 없다고 한다. 보험료 미납에 따른 어떠한 통보도 받은 사실이 없었는데, 이 경우 보험사의 보상거절이 타당한가?

TIP 보험료납입최고에 있어 보험회사가 일반인의 주의의무를 이행하지 않으면 보상하여야 한다. 보험회사가 보험료 미납에 따른 통지를 하지 않았다면 보험회사는 보상 책임이 있다.

「상법」제650조(보험료의 지급과 지체의 효과) 제2항은 "계속보험료가 약정한 시기에 지급되지 아니한 때에는 보험자는 상당한 기간을 정하여 보험계약자에게 최고

하고 그 기간 내에 지급되지 아니한 때에는 그 계약을 해지할 수 있다"라고 규정하고 있으며, 「민법」제111조(의사표시의 효력발생시기) 제1항은 "상대방 있는 의사표시는 그 통지가 상대방에 도달한 때로부터 그 효력이 생긴다"고 하고 있다.

또한 '개인용자동차보험 보험료분할납입특별약관'에는 보험계약자가 약정한 납입일자까지 분할보험료를 납입하지 아니한 경우, 보험회사는 보험계약자 및 기명피보험자에게 납입 최고기간이 끝나는 날 이전에 보험료 미납사실과 납입최고기간까지 보험료를 납부하지 아니하면 납입최고기간이 끝나는 날의 24시부터 보험계약이 해지된다는 내용을 서면으로 최고하도록 되어 있다.

그런데 보험회사에 최고에 관한 별다른 입증도 없이 보험계약을 해지하고 보험금 지급을 거절하였다면, 보험회사의 보험금 지급 거절은 부당해 보인다. 여기서 보험료 납입최고는 일반인이 기울이는 정도의 주의가 요구되는 것이므로, 등기로 납입을 최고한 것만으로 최고의 효력이 발생하는 것은 아니며, 주소변경이나 이사 등으로 반송된 경우에는 전화로 알리는 등 일반인이 기울이는 정도의 노력이 있었음을 보험회사가 입증하여야 최고의 효력이 발생한다.

사례 11 목욕탕에서 발을 다친 소비자의 과실

목욕탕 사우나실에서 여닫이문을 완전히 개방하지 않은 채 성급하게 발을 내딛다가 마침 마감 처리가 되지 않아 날카로운 문의 하단에 우측 엄지발가락이 닿아 신전근 및 신경이 파열되는 상해를 입었다. 목욕탕 업주에게 손해배상을 청구했으나, 목욕탕의 배상책임 보험회사에서는 이 사고가 청구인의 부주의로 발생한 것이라고 하면서 피해자 과실비율을 70%라고 주장한다. 과실이 너무 과다하게 책정된 것이 아닌가?

TIP 피해자의 과실이란 사회통념상, 신의성실의 원칙상, 공동생활상 요구되는 약한 부주의를 말하는 것으로(대판 선고 79다2771), 예견가능한 위험을 회피해 피해자 스스로를 보호해야 하는 주의의무를 말한다.

통상의 출입문은 날카로운 부분을 마감 처리해 이용객의 신체가 직접 닿는다 하더라도 심한 부상을 입지 않는 것이 보통일 것이므로, 이용자는 통상의 출입문을 이용하는 정도의 주의의무를 다하면 될 뿐 다른 일반적인 출입문을 이용하는 것보다 목욕탕의 문을 사용하는 데에 특별한 주의를 기울여야 한다고 보기는 어렵다. 더욱이 목욕탕의 시설물은 이용객의 신체가 손상될 우려가 매우 높은 곳이므로 시설물 소유자의 책임이 더욱 높다고 할 것이다.

위와 같은 취지에서 판단하건대, 목욕탕 문이 날카로운 것은 일반인이 예견가능한 위험으로 보기 어려우므로, 보험회사가 주장하는 70%의 과실을 적용하는 과다한 것으로 보인다.

사례 12 치료중 후유장해가 발생한 경우 소멸시효 기산점

상해보험에 가입해 유지하여 오던 중 2008년 2월 교통사고로 부상을 입고 치료를 받다가 보험금청구권에도 소멸시효가 있다는 사실을 알게 돼 보험회사에 문의하자 소멸시효가 경과돼 보험금을 지급받을 수 없다고 했다. 병원에서 현재까지 치료중이라 보험금을 청구하지 않았으며 2012년 11월에야 장해진단서를 발급받았다. 보험회사는 교통사고가 발생한 날을 소멸시효 기산점으로 산정해 2년이 지났기 때문에 보험금을 지급할 수 없다고 한다. 어떻게 해야 할까?

TIP 보험금청구권은 「상법」제622조에 의해 '권리를 행사할 수 있는 때'로부터 2년간 행사하지 않으면 소멸시효가 완성된다고 규정하고 있으며 '권리를 행사할 수 있는 때'에 대하여는 사고 발생일이 원칙이므로 이 사례에서처럼 사고일로부터 2년이 지난 후에는 보험금을 청구할 수 없다.

그러나 후유장해와 관련해 대법원에서는 신체의 상해로 인한 손해배상청구권에 있어 민법 제166조는 '권리를 행사할 수 있는 때'를 소멸시효의 기산점으로 규정하고 있고, 그 손해의 내용·양태(樣態) 등을 미리부터 예상하기 어려울 뿐 아니라 채무불이행의 시점 사이에 시간적 간격이 있는 경우가 많으므로 이러한 경우 위의 권리를 행사할 수 있는 때란 '객관적·구체적으로 손해가 발생한 때'라고 보는 것이 타당할 것이고, 교통사고로 인하여 부상을 입은 때로부터 상당한 기간이 지난 뒤에 후

유증이 나타난 경우에는 손해배상청구의 시효가 진행하지 않았다고 할 것이므로 후유장해의 발생으로 인한 손해배상청구권에 대한 소멸시효는 후유장해로 인한 손해가 발생한 때라고 보고 있습니다.

따라서 2012년 12월 장해진단을 받았으므로 장해확정일이 소멸시효의 기산점이 되며, 권리를 행사할 수 있는 때로부터 2년이 지나지 않았다면 장해 보험금을 지급받을 수 있다.

사례 13 상급병실 이용시 보상범위

개인사정으로 일반병실이 아닌 상급병실을 사용한 경우 병실차액을 피해자가 부담하여야 하는가?

TIP 자동차보험에서 보상하는 입원료(병실사용료)는 대중적인 일반병실(보통 5~6인실)의 입원료를 기준으로 하고 있다.

사례의 경우처럼 피해자가 자신의 편의상 상급병실을 사용한 경우에 보험회사는 일반병실의 입원료와 상급병실의 입원료 차액은 보상하지 않는다.

다만, 치료상 부득이하게 기준병실보다 입원료가 비싼 병실(상급병실)에 입원하여야 한다고 판단하여 상급병실에 입원하였을 때는 상급병실 입원료를 전액 보상하며, 병실사정으로 부득이하게 상급병실에 입원한 경우에는 7일의 범위 내에서 상급병실료를 입원료로 보상한다.

PART 9

교육·문화 관련 소비자 피해 구제 사례

사례 1 인터넷교육서비스 중도해지시 해약금 적정 여부

중학생 자녀의 학습을 위해 2012.8.20. ○○업체의 방문판매사원과 인터넷교육서비스를 18개월 이용하는 계약을 체결하고 이용료 1,728,000원을 신용카드로 할부 결제하였다. 이 후 인터넷교육서비스를 이용하였으나 계약 당시 약속한 자녀의 성적 및 출석 등 특별관리가 이루어지지 않았을 뿐만 아니라 인터넷교육에 흥미를 느끼지 못하여 2013.1.20. 전화로 중도해지를 통보한 후 같은 해 1.28. 내용증명 우편을 통해 계약해지 의사를 통지하였다. 그런데 사업자는 이용료를 할인된 연회원 금액이 아닌 할인 전 월 회원 가격을 기준으로 정산한 이용료와 10%의 위약금, 교재비, 사은품비 등을 요구하고 있다. 사업자가 요구한 금액을 전부 내야 하는가?

TIP 초중고 학교교과에 대한 인터넷강의는 「학원의 설립운영 및 과외교습에 관한 법률 시행령」의 교습비 반환기준에 따라 해지의사 표시일까지 수강료를 공제한 나머지 금액을 환급받을 수 있으므로 위약금은 부담할 필요가 없다.

한편 '일반적 소비자분쟁해결기준에 의한 환급 금액은 거래 시에 교부된 영수증 등에 기재된 물품 및 용역의 가격을 기준으로 한다고 명시하고 있다.

이에 따르면, 약정기간 이내 해지 시 할인 전 월 회원 가격을 기준으로 정산한다는 내용을 계약서에 명시하고 설명한 경우가 아니라면, 할인된 연회원 금액을 부담하면 된다.

사은품은 반환이 불가능한 경우 동종 상품으로 반환하거나 계약서상 명시된 금액을 지급해야 한다.

계약서에 가격이 명시되지 않은 경우에는 현존 상태로 반환하면 된다.

사례 2 인터넷교육 중도 해지시 사은품 환불 관련

중학생 자녀의 인터넷통신교육을 12개월 약정으로 체결하고 이용대금으로 1,240,000원을 결제하였다. 그러나 자녀가 학습에 흥미를 보이지 않아 3개월만에 중도해지를 요구하니 사은품으로 제공한 전자수첩 및 화상카메라 대금을 공제하고 나면 환급해줄 금액이 없다고 한다. 계약당시에는 사은품의 품목이나 가격에 대해 전혀 고지 받지 못했다. 어떻게 해야 할까?

TIP '소비자분쟁해결기준의 인터넷콘텐츠업 사은품 반환기준'에 따르면 계약당시 지급받은 사은품을 사용하지 않았을 경우에는 해당 사은품을 반환하고, 사은품을 사용한 경우에는 동종의 상품으로 반환하거나 동종 상품의 시중가격 또는 계약서상에 기재된 해당 사은품의 가격에서 손율 등에 따른 금액을 지급하고 반환할 수 있다. 단, 단순 포장개봉은 사은품의 사용으로 보지 않는다.

사례의 경우처럼 계약서상에 해당 사은품의 품목 또는 가격이 기재되어 있지 않은 경우에는 현존 상태로 반환할 수 있다.

사례 3 영어학원 수강 중 중도해지시 수강료 환급

영어회화학원 2개월 과정을 등록하고 수강료 25만원을 현금으로 지급했다. 한 달 수강 후 개인사정으로 잔여 수강료 환급을 요구하니 원래 1개월에 15만원이라며 10만원만 환급해 주겠다고 한다. 이 경우 환급 기준은 어떻게 되는가?

TIP 환급금액은 「소비자기본법시행령」 제8조에 따라 거래 시 교부된 영수증 등에 적힌 물품 등의 가격을 기준으로 한다. 다만, 영수증 등에 적힌 가격에 대하여 다툼이 있는 경우에는 영수증 등에 적힌 금액과 다른 금액을 기준으로 하려는 자가 그 다른 금액이 실제 거래가격임을 입증하여야 한다.

따라서 위 사례의 경우 교부받은 영수증 또는 수강증에 수강료가 25만원이라 명시되어 있다면 1/2에 해당하는 125,000원을 환급받을 수 있다.

사례 4 유효기간이 지난 소셜커머스 쿠폰 환불 가능 여부

소셜커머스 쿠폰을 구매하였으나 유효기간 내 사용하지 못했다. 이 경우 환불 받을 수 있는가?

TIP 「소비자보호 자율준수 가이드라인」에 의하면, 소비자가 구입한 쿠폰을 유효기간 내 사용하지 못한 경우, 쿠폰의 구매금액 70%이상의 범위에서 최소 6개월 동안 사용가능한 포인트 등으로 적립받을 수 있다.

사례 5 반품을 하지 않기로 특약을 맺은 경우 특약의 효력

며칠 전에 설문조사를 나온 아주머니와 이야기를 하다가 유아용 교재의 구입 권유를 받고 할부로 구입하였다. 그러나 구입 후 확인하니 교재가 조잡하고 아이도 아직 너무 어려서 교재를 반품하고 싶다. 계약서에는 7일 이내에 조건 없이 계약을 철회할 수 있다고 되어 있으나, 특약란에 판매원이 "절대 취소할 수 없음", "취소할 경우 40%를 변상해야 함"이라는 내용을 적어 둔 것이 있어 걱정이 된다. 아직 7일이 지나지 않았는데, 취소할 경우에 반드시 계약서에 적은 40%의 금액을 변상해야 하는가?

TIP 「방문판매 등에 관한 법률」에는 소비자의 청약철회, 방문판매자의 손해배상 청구금액을 제한하는 규정이 있고, 이러한 규정에 위반한 계약으로서 소비자에게 불리한 것은 그 효력이 없다고 명시되어 있다. 일반적으로는 계약에 있어서 당사자간의 계약내용은 이행되어야 함이 원칙이지만 소비자의 경우에는 위 법률의 규정에 의하여 보호받을 수 있기 때문에 계약서 특약란에 적혀 있는 것을 이행하지 않아도 된다. 따라서 위약금 없이 청약의 철회를 요구할 수 있다.

사례 6 사진촬영 후 원판과 파일의 무상인도 여부

자녀의 백일사진 촬영을 의뢰하여 사진을 찾았다. 촬영한 사진의 디지털 파일을 달라고 하니, 계약 당시 원판 및 파일은 1컷 당 별도 금액을 지불 후 인도해준다면서 무상 인도를 거절하고 있다. 파일을 받을 수 없는가?

TIP '소비자분쟁해결기준'에 의하면, 사업자가 소비자의 촉탁에 의해 대가를 받고 촬영한 증명사진 및 기념사진(백일, 돌, 입학, 졸업, 회갑 등)의 원판(광학방식의 필름원판, Digital 방식의 사진 File 포함)의 인도요구를 받은 경우 사전 계약에 의하되, 계약이 없는 경우에는 광학방식의 필름원판과 Digital 방식의 사진 File은 소비자에게 인도하되, 인도에 소요되는 재료비(공CD, 공디스켓 등) 등 실비는 소비자가 부담하도록 규정하고 있다. 다만, 사진원판의 인도시 저작권은 양도되지 않는다. 또한 사업자의 사진원판 보관시 보관기간은 1년이다.

사례의 경우 계약 당시 사진업체와 별도의 특약이 없었다면 파일의 인도를 요구할 수 있다.

사례 7 개인사정으로 중도 포기한 학원수강료 환급문제

웹디자인 10개월 과정을 등록하고 수강료 300만원을 현금으로 일시불 지급했다. 한 달 수강 후 개인 사정으로 잔여 수강료 환급을 요구하였지만 일단 수강이 개시되면 절대 환급이 안 된다고 한다. 여러 차례 항의하여 환급 각서를 받았으나 아직까지 이행되지 않고 있다. 어떻게 해야 할까?

TIP 「학원의 설립 운영 및 과외교습에 관한 법률」에서는 소비자의 개인 사정으로 중도해지를 할 경우로서, 교습 개시 이전에는 이미 납부한 교습비 등의 전액을 환급하고, 교습 개시 이후에는 반환 사유가 발생한 달의 기준과 나머지 달의 수강료 금액을 반환하도록 규정하고 있다.

따라서 위 사례는 교습 개시 후에 소비자의 개인사정으로 중도해지를 하는 경우에 해당하므로, 반환 사유가 발생한 해당 월의 반환 대상 교습비 등(교습기간이 1개월 이내인 경우의 기준에 따라 산출한 금액)과 나머지 월의 교습비 등의 전액을 합산한 금액으로 환급받을 수 있다.

최근에는 학원의 폐업 및 부진한 영업 등으로 인해 소비자가 강습을 받지 못하고 수강료만 지불하는 피해가 종종 발생하고 있다. 이 때 수강료를 일시불로 지급한 경우에는 사업자가 환급을 거절하거나 지연할 경우 현실적으로 적절한 피해구제를 받기 어렵다.

만약 학원 수강료가 20만원 이상이고 신용카드로 3회 이상 할부로 결제한 경우라면「할부거래에 관한 법률」에 따라 신용카드사에 항변권을 행사하여 피해를 구제받을 수 있다. 이 때 소비자는 신용카드사에 내용증명을 발송한 이후부터 할부금을 면제받을 수 있다. 따라서 학원의 장기 수강계약을 체결할 때는 현금이나 신용카드 일시불보다 신용카드 할부가 유리하다.

사례 8 공연전 개인사정으로 취소한 티켓 환급 기준

어버이날을 기념하여 이틀간 공연을 하는 콘서트 "트로트 잔치" 광고를 보고 직접 예매처에 가서 티켓 2매를 예매했다. 그런데 사정이 생겨 관람을 할 수 없게 되어 공연 하루 전 취소를 했다. 예매처에서는 50%의 위약금을 부담하라고 하는데 적정한가?

TIP '소비자분쟁해결기준'에 의하면 소비자(관객)의 사정으로 공연일 7일전까지 환급을 요구할 때는 10%, 3일에서 6일전까지는 20%, 1일에서 2일전까지는 30%, 공연당일 공연시작 전까지는 90%를 공제 한 후 환급하도록 하고 있다. 사례의 경우 30%를 위약금으로 공제한 후 나머지는 환급받을 수 있다.

사례 9 어린이집 중도 해지시 보육료 반환 기준

25개월 된 자녀를 어린이집에 1개월간 보육을 의뢰하고 입학금 3만원, 1개월 보육료 18만원을 지불했다. 3일 정도 보냈는데 자녀가 어려서인지 적응을 하지 못해 해약을 요구하니 소비자의 사정으로 해약을 하는 것이므로 환급이 안 된다고 한다. 어린이집의 주장의 타당한가?

TIP 보건복지부의 '2003년도 보육사업 안내' 지침 중 보육료 및 입소료 반환 규정에 따라 일정금액을 환급 받을 수 있다.

보육료 및 입소료 반환 관련 지침은 동 자료의 "Ⅵ. 보육예산지원(Ⅱ)"에 규정되어 있는데, 보육료와 관련해서는 입소 후 15일(아동의 개인사정으로 인한 결석 공휴일 포함)이상 보육한 경우 보육료를 반환하지 않는다. 입소 후 15일미만 보육한 경우에는 해당 월에 수납한 보육료의 50%를 반환하여야 한다. 입소료는 입소 후 1월 이상 경과한 경우에는 입소료를 반환하지 않으며, 1월 미만 퇴소 시에는 입소료의 50%를 반환하도록 규정하고 있다.

따라서 위 사례의 경우 입소 후 3일만에 퇴소를 하는 것이므로 관련 규정에 따라 보육료 및 입소료의 50%를 반환 받을 수 있다.

사례 10 애견분양을 받고 10일째 폐사한 경우 환불 여부

애완견매장에서 암컷 올드잉글리쉬쉽독을 40만원에 현금으로 구입하면서,계약서는 받지 못했다. 이틀 후 애완견이 붉은 점액의 피가 섞인 변을 보아 판매자에게 문의하자 회충약을 먹여서 그런 것이니 하루 정도 굶기라고 하여 그렇게 하였으나 호전되지 않고 구토와 설사를 계속하여 5일째 동물병원에서 파보장염이라 진단을 받았는데, 치료비가 60만원 이상 들 것이라고 한다. 이와 같은 사실을 판매자에게 알리니, 판매자가 지정 동물병원에서 치료해 주겠다고 하여 맡겼는데 9일째 폐사했다. 환급받을 수 있는가?

TIP '소비자분쟁해결기준'에 따르면 구입 후 15일 이내 폐사 시 동종의 애완동물로 교환 또는 구입가 환급을 받을 수 있다. 단, 소비자의 중대한 과실로 인하여 피해가 발생한 경우에는 배상을 요구할 수 없다.

참고로 판매업자는 애완동물을 판매할 때, 분양업자의 성명과 주소, 애완동물의 출생일·혈통·성, 면역 및 기생충 접종기록, 치료 및 약물투여 기록 등의 사항이 기재된 계약서를 소비자에게 교부하여야 한다. 만약 계약서를 교부하지 않았다면 관할 시、군、구청에 신고하여 행정처분을 요구할 수 있다.

PART 10

레저·스포츠 관련 소비자 피해 구제 사례

사례 1 휘트니스센타와 계약 후 중도해지시 적정 위약금 여부

2013.2.26. ××휘트니스를 6개월 이용하는 계약을 체결하고 이용요금 72만원을 신용카드로 3개월 할부 결제하였다. 이후 3일간 휘트니스를 이용하다가 개인적인 사정으로 인해 더 이상 이용하기 어려워 2013.3.5. 사업자에게 중도 해지를 신청하였다. 그런데 사업자는 계약서에 기재된 일일요금을 기준으로 산정한 1개월 사용료, 해지위약금, 카드수수료 및 기타 공제 금액을 합쳐 27만원을 공제한 45만원을 환급하겠다고 한다. 공제금액이 과다하다고 생각되는데, 적정 환급액은 얼마인가?

TIP 스포츠시설업체는 자체적으로 마련한 회원계약서에 '회비는 절대 환급불가'라는 표시를 하여 소비자로 하여금 가입 시 서명토록 하는 경우가 있으나 소비자는 중도해지 등을 할 때서야 비로소 해당 서명 내용을 인지하는 경우가 많다.

또한 계약 체결 시에는 할인금액으로 회원비를 받았다며 자체 약관에 해지 시 월 또는 일일 사용료를 높게 책정하여 중도해지를 적용하거나 「여신전문금융업법」상 공제할 수 없는 신용카드수수료를 공제하도록 하여 분쟁이 잦다.

사업자가 1월 이상의 월 단위 계약을 체결할 경우 계약서상에 중도해약 시 일일입장 요금을 기준으로 환급처리를 한다고 명시되어 있더라도 '계속거래 위약금 고시 기준'에 따라 일일요금이 아닌 월 단위 요금을 기준으로 이용일수 만큼 공제하여 처리하는 것이 타당하다.

반면 사업자가 계약서를 체결 또는 교부하지 않았거나 월 단위 계약임에도 일일요금을 정상가로 기재한 경우, 소비자의 서면동의가 없는 경우에는 실제 계약한 금액을 기준으로 산정해야 하며, 만약 동 규정과 다르게 과다한 위약금을 산정할 경우 과태료 등 행정처분을 받을 수 있다.

사례의 경우 소비자가 개인적인 사정으로 중도해지를 하는 것이며 계약서에 월 단위 요금이 아닌 일일요금이 기재되어 있는 경우이므로 '소비자분쟁해결 기준'에 의해, 총 계약금액의 10%와 월 단위 금액 기준으로 이용일수에 해당하는 금액을 지급하고 계약을 해지할 수 있다.

사례 2 헬스클럽 계약해지시 신용카드결제수수료 공제 여부

헬스클럽의 계약을 해지하려고 한다. 사업자는 약관에 위약금 외에 신용카드결제수수료 3.3%를 공제하도록 되어 있다고 하면서, 위약금과 카드수수료를 공제한 나머지 금액을 환급해준다고 한다. 계약해지 시 소비자가 신용카드 결제 수수료를 부담하는 것이 정당한가?

TIP 헬스클럽의 고객은 계약해지 시점에서 정산하여 남은 금액을 환급받을 권리가 있다. 이러한 권리를 부당하게 포기하도록 하는 내용이 약관에 포함되어 있다면, 그것은 불공정약관에 해당한다.

따라서 위약금 외에 의무기간 회비 또는 신용카드수수료 등을 부담시키는 것은 약관법상 위배되는 무효조항이다. 또한 고객에게 신용카드수수료를 부담하는 규정은 현금결제 회원에 비해 카드결제 회원을 불리하게 대우하는 것으로 여신전문금융업법에도 위배된다.

사례 3 팬션 취소 시 취소수수료 발생 여부

펜션을 예약 후 입금을 하고 당일 취소를 요청하자 사업자는 자체 펜션 환불 규정에 따라 취소수수료를 공제하고 환불하겠다고 한다. 예약을 한 당일에 취소를 했는데도 취소수수료를 내야 하는가?

TIP 예약 후 7일 이내에 예약을 취소할 경우 재예약이 가능한 기간이 남아 있을 경우 전액을 환불해주어야 한다. 이 때 취소수수료를 부과할 경우 청약철회를 이유로 위약금 등의 청구를 금지한 「전자상거래 등에서의 소비자보호에 관한 법률」에 위배된다.

'소비자분쟁해결기준'에 의하면, 재예약이 가능한 기간은 성수기에는 10일 이상, 비수기에는 2일 이상이다. 그 보다 짧은 기간이 남아 있을 경우에는 소비자분쟁해결기준에 따라 취소수수료를 공제 후 환급받을 수 있다.

사례 4 해외구매대행 인터넷쇼핑몰에서 구입한 유모차 보상 요구

해외구매대행 인터넷쇼핑몰에서 유모차를 구입했는데 왼쪽 바퀴의 공기가 빠지는 등 하자가 있어, 사업자에게 수리를 요청하니 자신은 구매대행을 해 준 것이므로 제품에 대한 수리는 하지 않는다며 직접 제조사에 연락하거나 근처 수리점에서 수리를 받으라고 한다. 약관에는 하자있는 제품에 대한 100% 구입가로 환불이 된다고 기재되어 있다. 이런 경우 환급을 받을 수 있을까?

TIP 유모차 등 '아동용품 소비자분쟁해결기준'에서는 구입 후 10일 이내에 정상적인 사용 상태에서 발생한 성능, 기능상의 하자로 인하여 중요한 수리를 요할 때에는 제품교환 또는 구입가로 환급하도록 규정하고 있다.

사례의 경우 사업자의 약관에도 하자있는 제품에 대해서는 100% 구입가 로 환급한다는 공지를 하고 있으므로 소비자의 선택에 따라 제품교환 또는 구입가 환급을 받을 수 있다.

사례 5 개인 트레이닝을 받았다는 이유로 중도해지를 거부하는 경우

스포츠센터를 이용하면서 개인별 트레이닝(Petsonal Training)을 받고 있다. 중도에 개인적인 사정이 생겨 계약해지를 요구하니, 개인별로 트레이닝을 받았기 때문에 중도해지가 안된다고 하며, 환급을 해 주지 않고 있다. 환급을 받을 수 없는가?

TIP 최근 들어 개인별 맞춤 트레이닝을 이용하려는 고객들이 늘고 있고, 사업자들도 이러한 수요에 맞춰 개인별 트레이닝 프로그램을 개설하고 있는 추세이다.

일반적으로 스포츠센터 등의 이용은 「방문판매 등에 관한 법률」 상 계속적인 거래에 해당이 되는 것으로, 소비자는 계약 기간 중 언제든지 해지할 수 있다. 설령 소비자와 사업자가 계약체결 시 계약서에 '해지 불가'라는 조항을 기재한 경우라 하더라도 이는 소비자의 권리를 부당하게 제한하는 조항이므로 「약관의 규제에 관한 법률」 제9조 제1항에 의해서 무효로 볼 수 있다.

또한 소비자의 사정으로 계약이 해지된 경우 사업자는 이로 인해 발생하는 손실에 상당하는 적정 위약금을 공제한 나머지 대금을 환급해야 하고, 또 소비자 입장에서도 잔여기간 이용료에 대해서도 청구할 권리가 있음에도 불구하고, 소비자에게 환불을 전혀 해 주지 않는다고 규정한 것은 계약의 해지로 인한 고객의 원상회복청구권을 부당하게 포기하도록 하는 것으로서 「약관의 규제에 관한 법률」 제9조 제3호에 해당이 되어 무효로 볼 수 있는 소지가 많다.참고로 최근 공정거래위원회에서도 "개인별 트레이닝 서비스는 환불해 주지 않는다."는 스포츠센터의 약관 조항은 무효라고 판단을 내리며 시정권고(제 2009-011호) 조치를 한 바 있다. 사례의 경우 환급을 받을 수 있다.

사례 6 콘도이용권 전화당첨상술 피해, 손해배상 요구

○○레저그룹 소속 직원이라는 여성으로부터 콘도회원 무료이벤트에 당첨되었다고 전화를 받았다. 150만원을 신용카드로 할부 결제하면 소비자의 통장으로 매월 할부금 등을 입금하겠다고 하여 믿고 결제하였다. 이 후 15만4천원 1회만 입금되어 계약서상에 기재된 명의의 콘도회사에 전화를 하여 물어보니, 자신들은 영업을 하지 않았다며 발뺌을 한다. 이 경우 누구를 상대로 문제를 제기해야 하는가?

TIP 사례의 경우는 콘도회사(숙박업자 포함)가 콘도이용권에 대한 영업을 전화권유판매업자에게 위탁하고 그 전화권유판매업자가 소비자에게 전화하여 이용권을 판매하는 과정에서 부당행위를 하고 있는 것으로 추정된다.

사례에서는 신용카드가맹점은 전화권유판매업자이고, 계약서에는 콘도회사 명의가 기재되어 있기 때문에 누구를 상대로 문제를 제기할지 판단하기가 쉽지 않다. 이 경우에는 콘도회사 및 전화권유판매업자 모두를 상대로 내용증명을 발송하고 손해배상을 요구해야 할 것이다.

특히 신용카드 할부기간이 남아있는 경우라면 신용카드사에도 내용증명 또는 서면으로 항변권을 행사하여 신용카드사의 잔여 할부금 청구에 대하여 대항할 수 있다.

사례 7 결혼정보회원 계약, 중도해지시 가입비 반환 여부

결혼정보업체로부터 회원 가입 권유 전화를 받았고, 이후 영업사원이 직장으로 방문하여 가입비 75만원을 신용카드로 결제한 후 회원으로 가입했다. 계약조건은 1년 이내에 10회 소개를 받는 것인데, 3회를 소개받은 후 담당자가 바뀌었다며 이후에는 아무런 연락도 없고 회원관리도 소홀하여 중도해지를 요구하니 중도해지가 안 된다고 한다. 가입비를 돌려받고 싶은데 가능한가?

TIP '소비자분쟁해결기준'에 의하면, 결혼정보업체 회원 가입 계약의 해약 시 환급 규정을 다음과 같이 두고 있다.

소비자의 귀책사유로 인한 계약해제 및 해지 시, 서비스 개시 전에는 '가입비의 80%'를 환급하고, 1회 이상 소개 후 해지 시에는 '가입비의 80%×(잔여횟수/총횟수)'를 환급하도록 하고 있다.

사업자의 귀책사유로 인한 계약해제 및 해지 시, 서비스 개시 전에는 '가입비 환급 및 가입비의 20%'를 배상하고, 서비스 개시 후에는 '가입비－〔가입비×(소개횟수/총횟수)〕' 환급 및 가입비의 20%를 배상하도록 정하고 있다.

사례의 경우 소비자 사유로 중도 해지를 하는 경우에 해당하므로, 위 '소비자분쟁해결기준'에 의해 '가입비의 80%×(잔여횟수/총횟수)'를 환급받을 수 있다.

사례 8 개인사정으로 예식일 2개월전 해약통보시 계약금 환급

10월 27일에 X예식장을 이용하는 계약을 6월 16일에 체결하고 계약금 20만원을 지급했다. 그런데 인근의 다른 예식장의 조건이 더 좋아서, 6월 18일 그 예식장에 예약을 하게 되었다. 6월 19일 X예식장 측에 계약해제 및 계약금 환급을 요구하니, 계약서상에 "예약금액을 일체 반환하지 않는다"라고 기재되어 있고, 계약당시 이를 고지하였으니 계약금 환급을 해줄 수 없다고 한다. 계약금을 환급받을 수 없는가?

TIP 2001년 12월 14일 공정거래위원회에서 승인한 '예식장이용 표준약관' 제6조(계약의 해제) 제3항에서는 "이용자가 자신의 책임 있는 사유로 예식일로부터 2개월 전 이후에 계약을 해제한 경우에는 사업자는 이용자에게 계약금을 반환하지 아니하지만, 이용자가 그 이전에 계약을 해제한 경우 계약금을 반환하여야 한다"고 규정하고 있다.

"예약금을 일체 반환하지 않는다"는 계약서의 내용은 공정거래위원회에서 승인한 표준약관과 비교하여 소비자에게 부당하게 불리한 계약해제 규정으로 볼 수 있다. 한편 2003년 8월 1일부터 시행된 개정 '소비자분쟁해결기준'에 의하면, 사업자의 귀책사유로 인한 계약해제의 경우 예식일로부터 2개월 전 이전에 계약을 해제한 때에는 계약금 환급 및 계약금의 100% 배상, 예식일로부터 2개월 전 이후에 계약을 해제한 때에는 예식비용을 배상하여야 한다.

소비자의 귀책사유로 인한 계약해제의 경우, 예식일로부터 2개월 전 이전에 계약을 해제한 때에는 계약금 전액을 환급하고, 예식일로부터 2개월 전 이후에 계약을 해제한 때에는 계약금을 위약금으로 하여 처리한다.

위 사례를 보면 소비자의 귀책사유로 인한 계약해제의 경우로서, 예식일로부터 2개월 전 이전에 계약을 해제한 때에 해당하므로, 계약금 전액을 환급받을 수 있다.

사례 9 레저용역 및 할인회원권 중도해지시 해지 여부

6개월 전 직장으로 방문한 판매사원으로부터 이용기간 3년의 이벤트 및 스포츠 회원 가입을 권유받고 68만원을 신용카드로 12개월 할부로 가입했다. 계약당시 판매사원은 행사참여시 추가비용이 들지 않는다고 설명하였으나 서비스를 이용할 때마다 3만원에서 많게는 6만원 정도가 소요되어 내용증명 우편으로 계약해지를 요구했다. 그런데 사업자는 회원권 사용을 정지할 수는 있으나 중도해지는 안 된다고 한다. 해지를 할 수 없는가?

TIP 「방문판매 등에 관한 법률」 제29조(계약의 해지)에 의하면, 장기간 계속적인 거래에 대한 계약을 체결한 소비자는 언제든지 해지할 수 있다고 규정하고 있다.

또한 공정거래위원회 고시 '소비자분쟁해결기준'에서는 소비자에게 책임 있는 사유로 이용 계약을 중도에 해지할 경우에는, 소비자는 총 가입금액의 10%에 상당하는 위약금과 이용일수에 해당하는 이용료를 공제한 금액을 환급받을 수 있다고 명시되어 있다.

사례의 경우 소비자는 사업자에게 서면(내용증명 우편)으로 계약해지를 통보하였으므로, 통보 시점을 기준으로 아래와 같이 계산한 498,667원을 환급 받을 수 있다.

680,000원 - (68,000원(위약금) + 680,000원 × 6/36개월) = 498,667원

사례 10 숙박예정일 2일전에 취소한 팬션 대금 환급 여부

휴가기간 펜션을 이용하기로 예약을 하고 총 20만원을 입금했는데, 개인사정으로 숙박 예정일 2일 전에 취소를 했다. 그런데 펜션에서는 무조건 이용예정일 7일 이전에 취소해야만 계약금을 환급해 준다고 한다. 계약할 때는 이런 내용을 전혀 알지 못했다. 어떻게 해야 할까?

TIP '소비자분쟁해결기준'에서는 소비자의 귀책사유로 인한 계약해지 시 숙박업의 환급기준을 성수기와 비수기, 주말과 주중으로 나누어 규정하고 있다.

성수기(겨울시즌 : 12.20~2.20, 여름시즌 : 7.15~8.24)는 사업자가 약관에 표시한 기간을 적용하되 약관에 관련 내용이 없는 경우에만 위의 기간을 적용한다.

사례의 경우 소비자는 사용예정일 2일 전에 계약해지를 요청하였으므로,'소비자분쟁해결기준'에 의하여 성수기 주말에 해당되어 총 요금 200,000원의 90%를 공제한 20,000원을 환급받을 수 있다. 단, 계약시 환급 규정에 대한 별도의 약정이 있었다면 그 여부에 따라 환급 기준이 달라질 수 있으므로 계약서 등의 자료를 검토할 필요가 있다.

♣ 숙박업 환급 기준

1. 성수기 주중(소비자의 책임있는 사유로 인한 계약해제)
- 사용예정일 10일전까지 취소: 계약금 환급
- 사용예정일 7일전까지 취소: 총 요금의 10% 공제 후 환급
- 사용예정일 5일전까지 취소: 총 요금의 30% 공제 후 환급
- 사용예정일 3일전까지 취소: 총 요금의 50% 공제 후 환급
- 사용예정일 1일전까지 또는 사용예정일 당일 취소: 총 요금의 80% 공제 후 환급

2. 성수기 주말(소비자의 책임있는 사유로 인한 계약해제)
- 사용예정일 10일전까지 취소: 계약금 환급
- 사용예정일 7일전까지 취소: 총요금의 20% 공제 후 환급
- 사용예정일 5일전까지 취소: 총요금의 40% 공제 후 환급
- 사용예정일 3일전까지 취소: 총요금의 60% 공제 후 환급
- 사용예정일 1일전까지 또는 사용예정일 당일 취소: 총요금의 90% 공제 후 환급

3. 비수기 주중(소비자의 책임있는 사유로 인한 계약해제)
- 사용예정일 2일전까지 취소: 계약금 환급
- 사용예정일 1일전까지 취소: 총 요금의 10% 공제 후 환급
- 사용예정일 당일 취소 또는 연락 없이 불참: 총요금의 20% 공제 후 환급

4. 비수기 주말(소비자의 책임있는 사유로 인한 계약해제)
- 사용예정일 2일전까지 취소: 계약금 환급
- 사용예정일 1일전까지 취소: 총 요금의 20% 공제 후 환급
- 사용예정일 당일 취소 또는 연락 없이 불참: 총요금의 30% 공제 후 환급

PART 11

관광·운송 관련 소비자 피해 구제 사례

사례 1 여행사의 항공권미확보로 인한 여행취소의 경우 배상 기준

한 달간의 유럽여행을 계약한 후 여행 경비를 완불하였다. 그러나 여행 출발 8일 전에 여행사로부터 성수기라서 항공권을 확보하지 못했다며 일방적으로 여행 취소 통보를 받았다. 현재 여행사에서 여행 경비 전액은 환급받았으나 별도의 배상은 불가능하다고 한다. 이 경우 여행사의 여행 취소로 인한 배상 요구가 가능한가?

TIP 여행사의 귀책사유로 여행 취소시 취소 통보일을 기준으로 손해를 보상 받을 수 있다

'국외여행 표준약관'에 의하면 여행 개시 전 여행업자나 소비자의 귀책사유로 여행을 취소하는 경우 취소 통보일을 기준으로 취소수수료를 부담하도록 규정하고 있으며, 동 취소수수료는 소비자피해보상규정(공정거래위원회 고시)에서 정하고 있는 내용에 따라 처리하도록 명시하고 있다.

위 사례의 경우 여행업자가 항공권 미확보의 사유로 소비자에게 여행개시 8일 전에 취소 통보를 한 것이므로 소비자피해보상규정에 의해 계약금 환급 및 총 여행 경비의 20%를 배상받을 수 있다.

♣ 소비자분쟁해결기준(국외여행)

여행사의 귀책사유로 여행사가 취소하는 경우

– 여행요금 전액의 환급과 함께 아래 기준에 따라 배상 요구 가능

1. 여행 개시 20일전까지 통보시 : 여행요금의 10% 배상
2. 10일전까지 : 여행요금의 15% 배상
3. 8일전까지 : 여행요금의 20% 배상
4. 1일전까지 : 여행 경비의 30% 배상
5. 여행 출발 당일 통보시 : 여행경비의 50% 배상

사례 2 여행전 여행사의 귀책사유로 국내당일 여행이 취소된 경우

지난 달, 하루 일정으로 충주 수안보 관광을 하기로 여행사와 계약을 하고 15명분 여행경비 75만원을 완불하였다. 그런데 여행사에서 여행 출발 하루 전 날 여행 일정이 취소되었다고 통보하며 여행 요금 75만원을 돌려주겠다고 한다. 이런 여행사의 조치가 타당한가?

TIP 여행사의 귀책사유로 여행 계약이 취소된 경우 소비자는 여행사를 상대로 배상을 요구할 수 있다.

'소비자분쟁해결기준'에 따르면 국내 당일여행시 여행사에서 여행을 취소하게 되는 경우, 여행개시 1일 전까지 여행취소 통보를 하였다면 여행사는 여행계약금 환급과 함께 요금의 20%를 배상하여야 한다. 여행 당일 취소 통보 및 통보 없이 취소하는 경우는 계약금 환급 및 요금의 30%를 배상, 여행개시 2일 전까지 취소통보 시는 계약금 환급 및 요금의 10%를 배상받을 수 있고,여행개시 3일 전까지 취소통보 시는 계약금만 환급받을 수 있다.

따라서 사례의 경우 소비자는 이미 지불한 여행요금의 환급과 여행요금(75만원)의 20%인 150,000원을 배상받을 수 있다.

사례 3 여행전 소비자 사정으로 국내숙박여행을 취소한 경우

3박 4일 일정으로 제주도 관광여행을 하기로 계약하고 여행경비 35만원 중 15만원을 계약금으로 지불했다. 그런데 개인사정으로 여행을 갈 수 없게 되어 출발 당일 여행사에 계약을 취소하고 환급을 요구했다. 여행사에서는 계약금으로 지불한 15만원 전액을 위약금으로 공제하겠다고 하면서 환급을 거절한다. 이런 경우 계약금을 환급받을 수 있는가?

TIP 취소수수료를 공제한 차액 환급을 요구할 수 있다.
'소비자분쟁해결기준'에 의하면 국내 숙박여행의 경우 소비자의 사정으로 여행 개시 당일 여행사에 취소 통보를 하는 경우 여행요금의 30%를 여행사에 배상하도록 규정되어 있다.

따라서 사례의 경우 소비자는 계약금 15만원 전액을 환급 받을 수는 없고, 총 여행요금 35만원의 30%인 10만5천원을 공제한 45만원을 환급 받을 수 있다.

사례 4 여행전 소비자 사유로 국외여행을 취소한 경우

3박 4일 일정의 중국 여행 상품을 계약 후 여행경비 80만원 중 40만원을 계약금으로 지불했다. 개인사정으로 여행출발일 5일 전에 여행사측에 해약 통보를 했다. 여행사에서는 소비자의 사유로 취소하는 것이므로 이미 지불한 계약금 전액을 환급할 수 없다고 한다. 보상기준이 어떻게 되는가?

TIP 소비자는 여행사에 취소수수료를 공제한 차액 환급을 요구할 수 있다.

현행 '여행업 표준약관' 및 '소비자분쟁해결기준'에서는 여행 출발 전 여행사의 귀책사유나 소비자의 사유로 여행을 취소하는 경우 취소 통보일을 기준으로 취소수수료를 부담하도록 규정하고 있다.

여행자의 귀책사유로 여행자가 취소하는 경우, 여행 개시 20일 전까지 통보시는 여행요금의 10%, 10일 전까지는 여행경비의 15%, 8일 전까지는 여행 경비의 20%, 1일 전까지는 여행 경비의 30%, 여행 출발 당일 통보 시는 여행경비의 50%를 취소수수료로 여행사에 배상해야 한다.

위 사례의 경우 소비자의 개인 사정으로 여행출발 5일전에 계약 취소를 통보했으므로 소비자는 이미 지불한 40만원 중 취소수수료 24만원(총 여행경비 80만원의 30%)을 공제한 금액인 16만원을 환급받을 수 있다.

단, 계약시 특약으로 맺은 계약내용이 있다면 취소수수료에 대한 별도의 협의를 할 수 있으나 여행사가 계약당시 이에 대해 설명하거나 특약으로 명시하지 않았다면 이를 주장할 수 없다.

사례 5 국외여행 계약취소에 따른 수수료 발생 여부

296만원의 국외여행 상품을 계약하며 계약금으로 10만원을 지급하였다. 여행출발일 한 달 전, 개인적인 사정으로 계약을 취소하려고 하자 여행업자는 항공료 및 호텔비로 지출된 비용이 있다면서 여행경비의 30%에 해당하는 888,000을 취소 수수료로 배상하라고 요구한다. 여행사의 주장은 정당한가?

TIP 여행업자는 표준약관이나 소비자분쟁해결기준과 다른 내용으로 계약, 즉 특약을 체결할 수 있다. 이 경우 특약에 해당하는 취소수수료 규정에 대해 설명했다는 사실과 여행자가 동의했다는 사실은 여행업자가 입증해야 하며 이를 입증하지 못한다면 특약을 적용할 수 없으므로 소비자기본법 제16조에 의거 소비자분쟁해결기준에 따라 손해배상액을 산정해야 할 것이다.

따라서 여행업자가 특약에 대한 설명 및 동의 없이 취소수수료 888,000원을 부과하는 것은 부당하므로 국외여행 소비자분쟁해결기준에 따라 여행경비의 10%인 296,000원을 여행업자에게 배상하는 것이 타당할 것이다. 단, 여행업자가 여행계약 취소로 인해 발생한 손해 금액에 대해 타당한 입증자료를 제출하면 이는 취소수수료에 반영될 수 있다.

사례 6 국외여행 중 소비자의 질병으로 계약을 해지하는 경우

11박 12일 일정으로 스페인, 지중해여행을 출발하였다. 그런데 현지 도착 2일째부터 음식이 맞지 않아 설사를 하며 탈진 상태에 이르러 병원에서 치료를 받은 후 자비로 귀국하였다. 귀국 시 구입한 항공권과 잔여 여행 기간의 경비 환급을 받을 수 있는가?

TIP 여행업체와 사전 협의를 거쳐 귀국한 경우라면 남은 일정 동안의 숙박료, 입장료, 식대 등에 대한 환급을 요구할 수 있다.

'국외여행 표준약관' 제13조(여행조건의 변경요건 및 요금 등의 정산) 제4항에 의하면, 여행자는 여행 출발 후 자기의 사정으로 숙박, 식사, 관광 등 여행요금에 포함된 서비스를 제공받지 못한 경우 여행업자에게 그에 상응하는 요금의 환급을 청구할 수 없다. 또한 제16조(여행출발 후 계약해지) 제2항에서는 여행출발 후 부득이한 사유로 계약이 해지된 경우 여행업자는 여행자가 귀국하는데 필요한 사항을 협조하여야 하며, 이에 필요한 비용으로서 여행업자의 귀책사유에 의하지 아니한 것은 여행자가 부담하도록 명시하고 있다.

그러나 막연히 여행자의 개인사정이라고 하더라도 소비자의 고의가 아닌 질환으로 인한 것이므로 남은 일정 동안의 식대, 숙박료, 입장료 등의 환급을 요구할 수 있다.

사례 7 포장이사 중 분실된 이사화물에 대한 보상 기준

이사업체와 90만원에 포장이사를 계약한 후 이사를 했다. 이사한 후 이사화물을 확인해보니 의류가 분실되었음을 발견하고 보상을 요구하였다. 그런데 업체에서는 이사화물에 대한 인도 정리를 완료하고 소비자가 확인한 후 운임을 지급하였으므로 책임이 없다고 합니다. 어떻게 해야 할까?

TIP 「상법」 제115조에서는 "운송주선인은 자기나 그 사용인이 운송물의 수령 인도 보관 운송인이나 다른 운송주선인의 선택 기타 운송에 관하여 주의를 해태하지 아니하였음을 증명하지 아니하면 운송물의 멸실 훼손 또는 연착으로 인한 손해를 배상할 책임을 면하지 못한다"라고 규정하고 있다.

또한 '운송주선약관'에서도 "사업자는 이사화물의 포장 수취 보관 또는 운송에 관하여 사업자로서의 주의 관리 운송의무를 태만하지 않았던 사실을 증명하지 아니하는 한 이사화물의 멸실 훼손 또는 지연으로 인한 손해 배상의 책임을 진다"라고 명시하고 있다.

그러나 이사중 분실된 것인지 또는 원래 없었던 물품인지에 대해 다툼이 있는 경우에는 소비자가 분실물의 존재 사실, 분실물의 구입 가격이나 구입 시기 등을 입증하여야 한다.

사례의 경우 소비자는 분실 물품의 구입 시기 및 가격에 대한 근거 서류를 구비하여 피해 보상을 요구하면 된다.

사례 8 택배운송중 배달지연으로 훼손된 식품의 보상 여부

지방에 거주하는 부모님께 시중가 15만원의 붕어즙을 선물하기 위해 택배 회사에 운송을 의뢰하면서, 택배직원에게 상하기 쉬운 붕어즙이라고 신경써서 배달해줄 것을 요청했다. 그런데 도착일이 2일이나 지연되어 붕어즙이 부패되어 복용이 불가능하여 이에 대한 배상을 요구했으나 소비자가 포장을 잘못해서 부패한 것이라며 배상을 거부한다. 피해보상을 받을 수 없는가?

TIP 택배를 의뢰할 때 변질되기 쉬운 약재는 물품의 종류와 물품 가액을 운송장에 기재하고, 운송에 주의할 것을 부탁하는 것이 좋다. 그래야만 나중에 문제가 생겼을 경우 손해 배상을 받기가 수월하다.

현행 '표준약관' 제10조(운송물의 수탁거절)에 의하면 포장 상태가 불량한 물품은 사업자가 운송을 거절할 수 있도록 규정되어 있다. 그러나 사업자가 붕어즙의 운송을 수락했고 사업자의 과실로 운송이 지연돼 부패의 원인이 되었다면 당연히 손해배상의 책임을 져야한다. 배달 지연이 소비자의 연락처가 잘못 기재되어 있었거나 물품을 인수할 사람이 없는 등 소비자 책임으로 발생됐다면 손해배상을 받기 어렵다.

사례의 경우 소비자는 피해보상을 요구할 수 있다.

사례 9 포장이사화물의 파손과 이사업체의 책임

이사업체 사장과 포장이사를 계약했는데, 이사 당일 이사업체의 정식 직원이 아닌 작업원의 잘못으로 물품이 파손되었다. 작업원에게 손해 배상을 요구했으나 배상을 받지 못해, 이사업체 사장을 상대로 민법 제756조의 사용자 책임을 물어 손해 배상 청구의 소를 제기했다. 그런데 사장은 작업원과 자신의 관계는 사용자와 피용자의 관계가 유효한 고용관계가 아니기 때문에 책임을 질 수 없다고 한다. 누구에게 책임을 물어야 하는가?

TIP 「민법」상 사용자 책임이란 자기와 사용관계에 있는 종업원이 사무집행에 관하여 제3자에게 가해행위를 한 경우 사용자가 손해배상 채무를 직접 피해자에게 부담하는 것을 말한다.

소비자가 체결한 계약은 대부분 종업원을 통해 이루어지기 때문에 사용자 책임은 중요한 피해 구제의 근거가 된다.

이와 관련하여 대법원은 "민법 제756조의 사용자와 피용자의 관계는 반드시 유효한 고용관계가 있는 경우에 한하는 것이 아니고, 사실상 어떤 사람이 다른 사람을 위하여 그 지휘·감독 아래 그 의사에 따라 사업을 집행하는 관계에 있을 때에도 그 두 사람 사이에 사용자, 피용자의 관계가 있는 것"이라고 판시했다. 이 판례는 정식 고용관계가 없는 종업원의 불법행위에 대해서도 사업자의 책임을 넓게 인정한 것이다.

종업원의 계약불이행이나 불법행위로 피해를 입은 경우 종업원에게 배상을 받지 못하더라도 사용자에게 손해배상을 청구할 수 있으므로, 사례의 경우 소비자는 이사업체 사장을 상대로 손해배상책임을 물을 수 있다.

♣ 이사 계약시 유의할 점

포장이사 계약서 작성 시 사업자의 주소, 인적사항 등을 확인하여야 하고, 견적서를 작성할 때에는 이사화물 목록 등을 세부적으로 기재해야 파손, 분실 등의 분쟁 발생 시 근거자료로 활용할 수 있다. 특히 귀중품(귀금속, 보석 등)은 이사업체에 일임하기보다 직접 관리하는 것이 좋으며 이것이 불가능할 경우 견적서에 꼼꼼히 기재해야 분실 등을 당했을 때 배상요구가 가능하다.
포장이사 이후 이사물품의 분실이나 파손 등이 발생하였을 경우 즉시 사업자에게 전화 또는 내용증명우편 등으로 알려야 한다. 이 경우 파손물품이나 사진 등을 반드시 확보하는 것이 좋으며, 계약의 당사자임을 입증하기 위해 계약서나 견적서, 이사 관련 경위서, 수리견적서 등을 구비하여 소비자상담을 받으면 쉽게 구제를 받을 수 있다.

사례 10 택배 배달 지연에 대한 보상 여부

친척에게 새해 선물을 배달하기 15,000원을 지급하고 택배를 의뢰하였으나 제 때에 배달하지 않아 선물로서 가치를 손상시켰다. 배달 지연에 따른 손해배상을 얼마나 받을 수 있는가?

TIP '택배 표준약관' 제20조(손해배상)에서는 연착되고 일부 멸실 및 훼손되지 않은 때 i) 일반적인 경우는 인도예정일을 초과한 일수에 사업자가 운송장에 기재한 운임액의 50%를 곱한 금액(초과일수×운송장 기재 운임액×50%)을 지급하되 다만 운송장 기재 운임액의 200%를 한도로 하며, ii) 특정 일시에 사용할 운송물의 경우는 운송장 기재 운임액의 200%를 지급하도록 손해배상을 정하고 있다.

따라서 피해를 입은 소비자는 택배 표준약관에서 정하는 기준대로 손해배상을 청구할 수 있다.

♣ 택배계약시 운송장 기재 요령

택배운송의 경우 그러나 분실이나 파손 등으로 배상을 적정하게 받기 위해서는 운송장에 발송 물품의 구체적 사항을 기재하여야 향후 파손 등의 분쟁발생 시 근거자료로 활용할 수 있다. 또한 운송장은 송하인이 수하인에게 안전하게 물품이송이 확인되기 전까지는 보관하여야 하며, 문제 발생 시 발송점 또는 도착점,본사 등에 분실사실 등을 신속히 알려야 한다.

사례 11 운송장에 가액을 표시하지 않은 분실물의 배상액 산정

200만원 상당의 의류 8점을 택배사를 통하여 배송을 의뢰하였는데 도착하지 않아 확인을 요청하자 집하장에서 분실하였다고 한다. 이런 경우 어느 정도의 피해배상금을 요구할 수 있는가?

TIP 소비자가 운송장에 물품가액을 기재하지 않았을 경우 '택배표준약관' 제5조 제1항에 의해, 손해배상 한도액 50만원을 배상 요구할 수 있다. 따라서 고가의 물품을 택배로 의뢰를 할 경우 운송장에 물품 가액을 적시하여야 손해 배상을 제대로 청구하여 받아낼 수 있다.

사례 12 계약취소시 특약이 있다며 과다한 위약금을 부과하는 경우

인터넷을 통해 여행사와 2013년 8월 출발하는 세부 여행상품을 600만원에 계약했다. 그런데 개인사정으로 취소를 요청하자 여행사가 특별약관이 있다며 360만원의 위약금을 부과했다. 계약 당시 특별약관에 대해 별도로 고지를 받은 적이 없는데, 여행사는 소비자가 선택한 상품은 특별약관이 적용되는 인터넷으로 예약시 계약서에 특별약관이 적용됨을 안내했고 소비자로부터 동의받아 예약이 완료되었으며, 총 4회 교부된 일정표와 계약서에 동 내용이 기재되어 있으므로 특별약관에 대해 사전설명을 다했다고 주장한다. 여행사의 위약금 부과가 정당한가?

TIP '국외여행 표준약관'에는 여행의 특성상 표준약관과 다르게 특별약관을 둘 수 있도록 규정하고 있지만 특별약관이 유효하게 적용되려면 여행사는 여행자로부터 별도의 특별약관 동의를 받아야 하고 특별약관이 표준약관과 다르다는 사실을 여행자에게 설명하도록 규정하고 있다.

사례의 경우 여행사가 주장하는 예약화면에는 '특별약관이 있으니 확인하라'는 문구만 한 줄로 명시되어 있을 뿐 별도로 기재하여 소비자의 동의를 받은 것은 아니며, 특별약관이 표준약관과 다르다는 사실을 설명한 것에 대한 입증자료가 없다면 특별약관을 적용시키기 어렵다.

따라서 '국외여행 표준약관'을 적용하여 소비자분쟁해결기준에 따른 위약금만큼만 여행사에 지불하면 된다.

[부록]

소비자분쟁해결기준

(공정거래위원회 고시 제 2011-10호)

2012. 2.

한 국 소 비 자 원
Korea Consumer Agency

차례

⊙ 품목별 해결기준

품목별 해결기준

1. 가전제품설치업(1개 업종)

분쟁유형	해결기준	비고
설치하자로 인해 제품에 하자가 발생하는 경우	– 설치비 환불 및 하자 발생한 제품에 대한 손해배상	설치에 대한 품질보증 기간은 1년으로 한다.

2. 결혼정보업(1개 업종)

분쟁유형	해결기준	비고
1) 사업자의 귀책사유로 인한 계약해제 및 해지 – 회원가입계약 성립 후 사업자의 소개개시 전에 해지된 경우 – 1회 소개개시 후 해지된 경우	– 가입비 환급 및 가입비의 20% 배상 – 가입비×(미소개횟수/ 총횟수) +가입비의 20% 환급	귀책사유란 일방당사자의 고의 과실로 명백히 객관적으로 판별할 수 있는 사항(예: 결혼정보, 직업, 학력, 병력(病歷 등)에 관한 정보를 상대방에게 허위로 제공한 경우 등을 말한다.
2) 소비자의 귀책사유로 인한 계약해제 및 해지 – 회원가입계약 성립 후 사업자의 소개개시 전에 해지된 경우 – 1회 소개개시 후 해지된 경우	– 가입비의 80% 환급 – 가입비의 80%× (잔여횟수/총횟수)환급	

3. 결혼준비대행업(1개 업종)

분쟁유형	해결기준
1) 사업자의 귀책사유로 인한 계약해제 · 해지 및 손해발생 – 결혼준비대행 개시 이전 – 결혼준비대행 개시 이후	– 계약해제 전액환급) – 손해배상
2) 소비자의 귀책사유로 인한 계약해지 – 결혼준비내행 개시 이선 – 결혼준비대행 개시 이후	– 총 대행요금의 10% 공제 후 환급 – 기 제작된 물품비용 및 잔여금액의 10%공제 후 환급

4. 골프장(1개 업종)

분쟁유형	해결기준
1) 소비자의 귀책으로 이용취소 – 골프장 입장후 소비자가 경기전에 계약을 취소하는 경우	– 이용요금의 50% 환불
2) 불가항력적 사유(강설, 폭우, 안개, 기타 천재지변 등)로 경기를 지속하지 못하는 경우 – 입장절차 후 이용자팀 전원이 1번째 홀까지 경기를 마치지 못한 경우 – 9번째 홀까지 경기를 마치지 못하게 된 경우 〈이 기준을 적용함에 있어 골프장이 9개홀인 경우는 5번 홀, 6개 홀인 경우는 3번홀로 함〉	– 제세공과금을 제외한 이용요금 전액 환불 – 제세공과금을 제외한 이용요금의 50% 환불

5. 국제결혼중개(1개 업종)

분쟁유형	해결기준	비고
1) 중도 계약해지 ① 사업자의 귀책인 경우 ② 소비자 사정으로 인한 계약의 해지 – 계약체결 후 국제결혼 행사 일정이 확정되기 전에 해지할 경우 – 국제결혼 행사일정 확정 이후 국제결혼 상대국가로 출국하기 전에 해지할 경우 – 국제결혼 상대국가로 출국한 이후 맞선 보기 전에 해지할 경우 – 상대 국가에서 맞선 이후 해지할 경우 – 상대 국가에서 결혼이 성사된 이후 해지할 경우 – 결혼을 성사하고 국내에 입국한 이후 해지할 경우	– 손해배상 또는 소비자의 요청시 사업자는 소비자의 추가 비용 부담없이 국제결혼중개 다시 이행 – 총비용 중 중개수수료의 10%에 해당하는 금액 소비자 부담 – 총비용의 20%에 해당하는 금액 소비자 부담 – 총비용의 40%에 해당하는 금액 소비자 부담 – 총비용의 50%에 해당하는 금액 소비자 부담 – 총비용의 90%에 해당하는 금액 소비자 부담 – 총비용 전액 소비자 부담	비용을 사업자가 이미 수수한 경우에 사업자는 이미 수수한 비용에서 소비자 부담액을 공제한 나머지 금액을 소비자에게 환급

6. 경비용역업(1개 업종)

분쟁유형	해결기준	비고
1) 제공된 용역이 계약내용과 다른 경우 2) 경비시스템 성능 · 기능상 하자 3) 경비시스템 수리 후 1개월내 하자발생 4) 경비시스템 성능 · 기능상 하자 또는 출동지연으로 인한 도난발생 5) 사업자의 귀책사유로 인한 계약해제 및 해지 – 개시일 전 – 개시일 후 • 잔여계약기간이 1년 이상인 경우 • 잔여계약기간이 1년 미만인 경우 6) 소비자의 귀책사유로 인한 계약해제 및 해지 – 개시일 전 – 개시일 후 • 잔여계약기간이 1년 이상인 경우 • 잔여계약기간이 1년 미만인 경우	– 계약해지 – 무상수리 – 교체 또는 계약해지 – 도난피해액 보상 – 계약금 환급 및 1년간 월정요금 합계액의 10% 배상 – 1년치 월이용료 총합의 10% 배상 – 잔여 계약기간 월이용료 총합의 10% 배상 – 1년간 월정요금 합계액의 10% 배상 – 1년치 월이용료 총합의 10% 배상 – 잔여 계약기간 월이용료 총합의 10% 배상	피해액 입증이 곤란한 경우 계약서에 약정된 범위에서 보상

7. 고시원운영업(1개 업종)

분쟁유형	해결기준
1) 사업자의 귀책사유로 인한 계약해제 및 해지	
– 개시일 이전	– 계약금 환급
– 개시일 이후	– 이용일을 일할 계산한 금액 공제 후 환급
2) 소비자의 귀책사유로 인한 계약해제 및 해지	
① 개시일 이전	– 이용금액 전액 환급
② 개시일 이후	
• 이용료징수기간이 1월 이내	
– 계약기간의 1/3 경과 전	– 이용금액의 2/3 해당액 환급
– 계약기간의 1/2 경과 전	– 이용금액의 1/2 해당액 환급
– 계약기간의 1/2 이후	– 미환급
• 이용료징수기간이 1월 초과	– 반환사유가 발생한 당해 월의 반환 대상 이용료(이용료 징수기간이 1월 이내인 경우에 따라 산출된 이용료를 말함)와 나머지 월의 이용료 전액을 합산한 금액

8. 공공서비스(3개 업종)

전기서비스	
분쟁유형	해결기준
1) 계량기 고장, 계량기 오차과다, 계량기 결선 착오 등으로 인한 전력량의 과다계량 등 계량 부적정으로 인한 피해	– 차액환급 또는 차액차감정산
2) 검침착오, 검침미실시, 검침기재착오, 전기요금 계산착오, 미검침사용량 협정, 검침기간 부당 등으로 인한 전기요금 과다납부	〃
3) 전기요금 이중청구 또는 소비자의 잘못으로 인한 이중납부	– 환급 또는 차액차감정산
4) 계획휴전 안내 미실시로 인한 소비자 피해	– 피해발생액 배상
5) 이상전압 공급으로 인한 전기기기 손상	– 수리를 통한 원상회복 (수리불능시 현품 또는 현금가 배상) 피해발생액 배상
6) 전기공작물 설치로 인한 소비자 재산피해	〃
7) 전기설비의 이격거리미달, 설비노후 등 전기공작물의 위해설비로 인한 피해	〃

가스서비스	
분쟁유형	해결기준
1) 계량기 고장, 계량기 오차초과 등 계량 부적정으로 인한 피해	– 차액환급 또는 차액차감정산
2) 검침착오, 검침미실시 등으로 인한 가스요금 과다납부	– 차액환급 또는 차액차감정산
3) 가스요금 이중청구 또는 소비자의 잘못으로 인한 이중납부	– 환급 또는 차액차감정산

전화서비스		
분쟁유형	해결기준	비고
1) 전화요금 이중청구 또는 착오로 인한 이중납부	– 환급 또는 차액차감정산	
2) 통신설비의 가설로 인한 소비자의 재산피해	– 설비이전 또는 피해발생액배상	
3) 전화기록장치의 오류, 전화요금 계산착오 등 사업자의 귀책사유로 인한 전화요금 과다납부	– 차액환급 또는 차액차감정산	
4) 전화요금 납부고지서의 미도달로 인한 연체료 납부	– 미납부시는 면제, 기 납부시는 환급	객관적증명자료가있을 경우에 한함
5) 6시간 이상 서비스 중지 또는 장애로 인한 피해	– 손해배상	손해가 천재지변 등 불가항력이나 소비자의 고의 또는 과실로 인하여 발생한 경우에는 배상에서 제외하고, 서비스 중지 또는 장애시간은 소비자가 회사에 통지한 후부터 계산

9. 공산품(30개 업종)

가전제품, 사무용기기, 전기통신기자재, 시계, 재봉기, 광학제품, 아동용품(1–1)		
분쟁유형	해결기준	비고
1) 구입 후 10일 이내에 정상적인 사용상태에서 발생한 성능 · 기능상의 하자로 중요한 수리를 요할 때	– 제품교환 또는 구입가 환급	감가상각방법은 정액법에 의하되 내용연수는 별표Ⅳ 품목별 내용연수 표를 (월할계산) 적용 감가상각비 = (사용연수/내용연수)×구입가
2) 구입 후 1개월 이내에 정상적인 사용상태에서 발생한 성능 · 기능상의 하자로 중요한 수리를 요할 때	– 제품교환 또는 무상수리	
3) 품질보증기간 이내에 정상적인 사용상태에서 발생한 성능 기능상의 하자 – 하자발생시 – 수리불가능시 – 교환불가능시 – 교환된 제품이 1개월 이내에 중요한 수리를 요할 때	 – 무상수리 – 제품교환 또는 구입가 환급 – 구입가 환급 – 구입가 환급	품질보증기간 이내에 동일하자에 대해 2회까지 수리하였으나 하자가 재발하는 경우 또는 여러부위 하자에 대해 4회까지 수리하였으나 하자가 재발하는 경우는 수리 불가능한 것으로 본다.
4) 소비자가 수리 의뢰한 제품을 사업자가 분실한 경우 – 품질보증기간 이내 – 품질보증기간 경과 후	 – 제품교환 또는 구입가 환급 – 정액감가상각한 금액에 10%를 가산하여 환급 (최고한도 :구입가격)	

가전제품, 사무용기기, 전기통신기자재, 시계, 재봉기, 광학제품, 아동용품(1-2)		
분쟁유형	**해결기준**	**비고**
5) 부품보유기간 이내에 수리용 부품을 보유하고 있지 않아 발생한 피해 – 품질보증기간 이내 • 정상적인 사용상태에서 성능 · 기능상의 하자로 인해 발생된 경우 • 소비자의 고의 · 과실로 인한 고장인 경우 – 품질보증기간 경과 후	– 제품교환 또는 구입가 환급 – 유상수리에 해당하는 금액 징수 후 제품교환 – 정액감가상각한 잔여금액에 구입가의 5%를 가산하여 환급 (감가상각한 잔여금액 <0이면, 0으로 계산)	컴퓨터나전축과 같이 개별기기 (본체와 주변 기기 등)의 조합으로 이루어진 제품(set물품)을 전체로 구입한 경우의 교환은 각 개별기기를 대상으로 하고, 동일회사 에서 판매한 set물품으로 서 개별기기 에 대한 교환이 불가능하여 환급할 때에는 전체를 대상으로 한다. 단 컴퓨터의 경우는 본체와 모니터, 키보드만을 전체로 본다. 정액감가상각한 잔여금의 계산은 구입가 – 감가상각비
6) 제품구입시 운송과정에서 발생된 피해	– 제품교환(단, 전문운송기관에 위탁한 경우는 판매자가 운송사에 대해 구상권 행사)	
7) 사업자가 제품설치 중 발생된 피해	– 제품교환	

전구		
분쟁유형	**해결기준**	**비고**
1) 구입일로부터 30일 이내에 제품의 성능 · 기능상의 하자가 있는 경우(베이스불량, 점등이 되지 않는 경우, 흑화현상 등)	– 제품교환 또는 구입가 환급	품질 보증 기간 : 1개월
2) 유통과정에서 제품에 하자가 발생한 경우	– 제품교환 또는 구입가 환급	

가구(1-1)	
분쟁유형	**해결기준**
1) 칠기가구의 균열, 패각떨어짐, 패각변색 등 – 구입일로부터 10일 이내 – 구입일로부터 1년 이내	– 제품교환 또는 구입가환급 – 무상수리 또는 부품교환

가구(1-1)	
분쟁유형	**해결기준**
2) 등가구의 균열 · 뒤틀림 또는 변색	
– 구입일로부터 10일 이내	– 제품교환 또는 구입가환급
– 구입일로부터 1년 이내	– 무상수리 또는 부품교환
3) 침대품질불량(스프링, 매트리스 등)	
– 구입일로부터 10일 이내	– 제품교환 또는 구입가환급
– 구입일로부터 1년 이내	– 부품교환 및 제품교환
4) 소파품질불량(재료의 변색, 찢어짐, 균열, 스프링불량 등)	
– 구입일로부터 10일 이내	– 제품교환 또는 구입가환급
– 구입일로부터 1년 이내	– 무상수리 또는 부품교환
– 구입일로부터 1년 이후	– 유상수리

가구(1-2)		
분쟁유형	**해결기준**	**비고**
5) 좀 등 벌레발생		
– 구입일로부터 10일 이내	– 제품교환 또는 구입가환급	
– 구입일로부터 2년 이내	– 무상수리 또는 부품교환	
– 부품교환 후 하자 재발생	– 제품교환	
6) 문짝 휨		
– 문짝길이의 0.5% 이상		
• 구입일로부터 6개월 이내	– 제품교환	
• 구입일로부터 3년 이내	– 무상수리 또는 부품교환	감가상각방법은 정액법에 의하되 내용연수는 별표 Ⅳ 품목별 내용연수표를 (월할계산) 적용 감가상각비 = (사용연수/내용연수)× 구입가
– 문짝길이의 0.5% 이내		
• 구입일로부터 3년 이내	– 무상수리 또는 부품교환	
7) 백화현상 및 도장불량		
– 구입일로부터 10일 이내	– 제품교환 또는 구입가환급	
– 구입일로부터 6개월 이내	– 제품교환	
– 구입일로부터 3년 이내	– 무상수리 또는 부품교환	
– 수리 후 동일하자 발생	– 제품교환	
8) 장류 등 세트단위 가구의 색상차이		
– 구입일로부터 1개월 이내	– 제품교환(동일색상이없는 경우 구입가환급)	
9) 장류 등 세트단위 가구의 변색		
– 구입일로부터 10일 이내	– 제품교환 또는 구입가환급	
– 구입일로부터 1년 이내	– 제품교환	
10) 악취 등 자극성냄새(화학제품 등)		
– 구입일로부터 6개월 이내	– 제품교환 또는 구입가환급	
11) 규격치수허용오차(±5mm 이상)	– 제품교환	
12) 제조 및 신제품 인도시 생긴 흠집		
– 구입일로부터 15일 이내(단, 소비자가 제조 및 신제품인도시 생긴 흠집임을 입증하는 경우는 제외한다)	– 제품교환	

가구(1-2)

분쟁유형	해결기준	비고
13) 상표남용 등 유사제품 판매	– 구입가환급	
14) 품질보증기간 내에 동일하자에 대해 2회 수리받았으나 재발(3회째)	– 제품교환 또는 구입가환급	
15) 선금지불 후 물품배달 전 해약시		
①소비자 귀책사유로 인한 해약		
– 주문제작형 가구인 경우		
• 가구제작작업 착수이전	– 총 제품금액의 10%를 위약금으로 함	
• 가구제작작업 착수 이후	– 실손해배상	
– 주문제작형 이외의 가구인 경우		
• 배달 3일 전까지	– 계약금에서 물품대금의 5% 공제 후 환급	
• 배달 1일 전까지	– 선금에서 물품대금의 10% 공제후 환급	
② 사업자 귀책사유로 인한 해약		
– 선금이 물품대금의 10%이하인 경우	– 선금의 배액	
– 선금이 물품대금의 10%를 초과하는 경우	– 선금에서 물품대금의 10% 가산해 환급	

가구(1-3)

분쟁유형	해결기준	비고
12) 제조 및 신제품 인도시 생긴 흠집	– 제품교환	감가상각방법은 정액법에 의하되 내용연수는 별표Ⅳ 품목별 내용연수표를 (월할계산) 적용 감가상각비 = (사용연수/내용연수)× 구입가
– 구입일로부터 15일 이내(단, 소비자가 제조 및 신제품인도시 생긴 흠집임을 입증하는 경우는 제외한다)		
13) 상표남용 등 유사제품 판매	– 구입가환급	
14) 품질보증기간 내에 동일하자에 대해 2회 수리받았으나 재발(3회째)	– 제품교환 또는 구입가환급	
15) 선금지불 후 물품배달 전 해약시		
① 소비자 귀책사유로 인한 해약		
– 주문제작형 가구인 경우		
• 가구제작작업 착수이전	– 총 제품금액의 10%를 위약금으로 함	
• 가구제작작업 착수 이후	– 실손해배상	
– 주문제작형 이외의 가구인 경우		
• 배달 3일 전까지	– 계약금에서 물품대금의 5% 공제후 환급	
• 배달 1일 전까지	– 선금에서 물품대금의 10% 공제후 환급	

가구(1-3)		
분쟁유형	해결기준	비고
② 사업자 귀책사유로 인한 해약 – 선금이 물품대금의 10%이하인 경우 – 선금이 물품대금의 10%를 초과하는 경우 16) 수리가 불가능하여 발생한 피해 – 품질보증기간 이내 • 정상적인 사용상태에서 발생한 경우 • 소비자의 과실로 인하여 발생한 경우 – 품질보증기간 경과 후	 – 선금의 배액 – 선금에서 물품대금의 10% 가산해 환급 – 제품교환 또는 구입가환급 – 구입가에서 정액감가상각비 공제 후 환급 또는 제품교환 – 정액 감가 상각한 잔여금액에 구입가의 5%를 가산하여 환급 (감가상각한 잔여금액< 0이면, 0으로 계산) 또는 제품교환	 정액감가상각한 잔여금의 계산은 구입가–감가상각비

스마트폰(1-1) 명칭 불문하고 이동통신 3세대 이후의 모든 휴대전화 포함		
분쟁유형	해결기준	비고
1) 정상적인 사용상태에서 발생한 성능 · 기능상의 하자로 중요한 수리를 요하는 사항을 구입 후 10일 이내에 문제 제기 2) 정상적인 사용상태에서 발생한 성능 · 기능상의 하자로 중요한 수리를 요하는 사항을 구입 후 1개월 이내에 문제 제기 3) 정상적인 사용상태에서 발생한 성능 · 기능상의 하자에 대하여 구입 1개월이 경과한 이후부터품질보증기간 이내에 문제 제기 – 하자발생시 – 수리 불가능시 – 교환불가능시 – 교환된 신제품이 교환 후 1개월 이내에 중요한 수리를 요할 때	– 신품 교환 또는 구입가 환급 – 신품 교환 또는 무상수리 – 무상수리 – 신품 교환 또는 구입가 환급 – 구입가 환급 – 구입가 환급	* 단 품질보증기간 이내에 동일하자에 대해 2회까지 수리하였으나 하자가 재발하는 경우 또는 여러 부위 하자에 대해 4회까지 수리하였으나 하자가 재발하는 경우는 수리가 불가능한 경우로 본다. *리퍼폰 교환은 무상수리로 본다. * 품질보증기간 이내에 발생한 정상사용에 따른 하자로 인해 동일인이 4회까지 리퍼폰으로 교환하였으나 또 다시 리퍼폰 교환사유가 발생하는 경우는 수리 또는 리퍼폰 교환이 불가능한 경우로 본다. *이동통신사업자는 이용자가 이동통신사업자의 유통망에서 구매한 단말기AS 등의 요청을 하는 경우에 이를 접수한 후 신속히 AS등에 필요한 조치를 취한다.

스마트폰(1-2) 명칭 불문하고 이동통신 3세대 이후의 모든 휴대전화 포함		
분쟁유형	해결기준	비고
4) 부품보유기간 이내에 수리용 부품을 보유하고 있지 않거나, 이 문제를 리퍼폰 교환으로 해결할 수도 없어 발생한 피해 – 품질보증기간 이내 • 정상적인 사용상태에서 발생한 성능 · 기능상의 하자인 경우 • 소비자의 고의 · 과실로 인한 고장인 경우 – 품질보증기간 경과 후	 – 신품 교환 또는 구입가 환급 – 유상수리에 해당하는 금액 징수 후 신품 교환 – 정액감가상각한 잔여금에 구입가의 5%를 가산하여 환급(감가상각한 잔여금액< 0 이면, 0으로 계산)	* 감가상각방법 – 정액법에 의하되 내용연수는 3년(월할계산) 적용 – 감가상각비 계산은 (사용연수/내용연수)×구입가 – 감가상각 잔여금의 계산은 구입가 – 감가상각비
5) 제품구입 시 운송과정에서 제품 훼손	– 신품 교환(단, 전문운송기관에 위탁한 경우는 운송사에 대한 구상권 행사)	– 품질보증기간 : 1년 – 내용연수 : 3년 – 부품보유기간 : 4년

전자담배		
분쟁유형	해결기준	비고
1) 구입 후 10일 이내에 문제 제기된 정상적인 사용상태에서 발생한 성능 · 기능상의 하자(액상누수, 분무량 과다 및 과소 등)로 중요한 수리를 요할 때	– 제품 교환 또는 구입가 환급	– 품질보증기간 이내에 동일 하자에 대해 2회까지 수리를 하였으나 하자가 재발하는 경우 또는 여러 부위 하자에 대해 3회까지 수리를 하였으나 하자가 재발하는 경우는 수리 불가능한 것으로 봄.
2) 구입 후 1개월 이내에 문제 제기된 정상적인 사용 상태에서 발생한 성능 · 기능상의 하자(액상누수, 분무량 과다 및 과소 등)로 중요한 수리를 요할 때	– 제품 교환 또는 수리	
3) 품질보증기간 이내에 정상적인 사용 상태에서 발생한 성능 · 기능상의 하자 – 하자 발생시 – 수리 불가능시 – 교환 불가능시 – 교환된 제품이 1개월 이내에 중요한 수리를 요할 때	 – 무상 수리 – 제품 교환 또는 구입가 환급 – 구입가 환급 – 구입가 환급	– 품질보증기간 : 1년

자 동 차(1-1)		
분쟁유형	해결기준	비고
1) 품질보증기간 이내의 경우 ① 재질이나 제조상의 결함으로 고장발생시 ② 차량인도일로부터 1개월 이내에 주행 및 안전도 등과 관련한 중대한 결함이 2회 이상 발생하였을 경우 ③ 주행 및 안전도 등과 관련한 중대한 결함이 발생하여 동일하자에 대해 3회까지 수리하였으나 하자가 재발(4회째)하거나 중대한 결함과 관련된 수리기간이 누계 30일(작업일수기준)을 초과할 경우 • 차령 12개월 이내	– 무상수리(부품교환 또는 기능장치 교환) – 제품교환 또는 구입가환급 – 제품교환 또는 필수제비용을 포함한 구입가 환급	품질보증기간기준 – 차체 및 일반부품 : 2년 이내 ※ 주행거리가 4만㎞를 초과한 경우에는 기간이 만료된 것으로 한다. – 원동기(엔진) 및 동력전달장치: 3년 이내 ※ 주행거리가 6만㎞를 초과한 경우에는 기간이 만료된 것으로 한다.

자 동 차(1-2)		
분쟁유형	해결기준	비고
• 차령 12개월 초과	– 일차적으로 부품교환을 원칙으로 하되 결함잔존시 관련 기능장치교환(예:원동기, 동력전달장치 등)	품질보증기간기준 – 차체 및 일반부품 : 2년 이내 ※ 주행거리가 4만㎞를 초과한 경우에는 기간이 만료된 것으로 한다. – 원동기(엔진) 및 동력전달장치: 3년 이내 ※ 주행거리가 6만㎞를 초과한 경우에는 기간이 만료된 것으로 한다. – 수리는 제조자, 판매자 또는 그의 대리인(직영 또는 지정정비업소)에 의해 수리한 경우로 한정
– 수리 소요기간 계산 • 소비자가서면으로 제조자, 판매자 또는 그 대리인에게 하자수리신청을 한 경우에만 누계일수에 포함(제조자, 판매자 및 그 대리인은 수리신청서를 비치 · 교부하여야 함) • 당일로 수리가 될 때는 수리소요기간을 1일로 계산하고 1일 이상 수리 기간이 소요될 때는 초일을 산입하여 수리 소요기간을 계산(단, 공휴일 및 파업, 천재지변 등에 의해 수리가 불가능한 경우는 누계일수에서 제외)		
2) 수리용 부품을 보유하지 않아(부품보유기간 이내)수리가 불가능한 경우 ① 품질보증기간 이내 – 정상적인 사용상태에서 발생한 경우		– 수리용 부품 미보유시 피해보상에서 제외되는 경우: 화재, 충돌 등에 의한 사고차량중 수리가 불가능한 차량

자 동 차(1–2)		
분쟁유형	**해결기준**	**비고**
• 차령 12개월 이내	– 필수제비용을 포함한 구입가환급 또는 제품교환	* 교환 및 환급에 따른 제비용 계산 – 임의비용(종합보험료, 할부부대비용, 공증료 등)을 제외한 제비용 (필수비용:등록세, 취득세, 교육세, 번호판대 등)은 사업자가 부담 • 차량 임의 장착비용 제외 감가상각방법은 정액법에 의하되 내용연수는 별표Ⅳ 품목별 내용연수표를 (월할계산) 적용감가상각비 계산 $\frac{\text{사용연수}}{\text{내용연수}} \times \text{구입가}$ (필수제비용 포함 : 등록세, 취득세, 교육세, 번호판대 등)로 한다.
• 차령 12개월 초과	– 필수제비용을 포함한 구입가에서 정액감가상각비를 공제한 금액에 10%를 가산하여 환급 또는 제품교환	
– 사용상 과실로 인하여 발생한 경우	– 구입가에서 정액감가상각비를 공제 후 환급 또는 제품교환	
② 품질보증기간 경과 후	– 필수제비용을 포함한 구입가에서 정액감가상각비를 공제한 금액에 10%를 가산하여 환급	
③ 내구연한 경과 후 수리용부품의 의무보유기간 이내	– 필수제비용을 포함한 구입가의 10%를 환급	

자 동 차(1–3)		
분쟁유형	**해결기준**	**비고**
3) 사전에 서면최고 없이 할부보증보험에 잔여할부금을 보험 청구한 경우	– 청구취소	– 판금, 도장 등 육안으로 식별 가능한 하자인 경우에는 차량 인수 후 7일 이내에 이의를 제기하여야 함 – 보상책임자 • 차량 출고시 장착된 옵션용품 :자동차회사 • 차량 출고후 장착된 옵션 용품 : 용품 제조업자, 판매자, 장착사업자 및 지도 업데이트 사업자(차량용 내비게이션에 한함) 중 책임있는 사업자 – 차량용 네비게이션(사용연한)의 지도 업데이트 서비스가 1년 이상 제공되지 않을 경우 서비스 불이행으로 간주하고 동서비스 이행에 책임있는 제조업자 또는 판매업자가 구입가에서 정액감가상각한 금액에 10% 가산한 금액환급
4) 차량 인도시 이미 하자가 있는 경우(탁송과정 중 발생한 차량하자 포함)	– 보상 또는 무상수리, 차량교환, 구입가환급	
5) 자동차옵션용품(에어백, ARS, 원격시동경보기, 차량용 내비게이션, 블랙박스, 하이패스 단말기 등)의 하자		
– 당해옵션용품 품질보증기간 이내	– 무상수리, 구입가환급 또는 교환	
– 당해옵션용품 품질보증기간 이후	– 유상수리	

모터사이클		
분쟁유형	**해결기준**	**비고**
1) 품질보증기간 및 주행거리 이내의 경우 – 재질이나 제조상의 결함으로 고장발생시 – 엔진 또는 전장부분(점화장치, 충전장치, 시동장치)에 발생한 동일하자에 대해 2회까지 수리하였으나 고장이 재발(3회째) 2) 부품의 미보유(부품보유기간 이내)로 수리가 불가능한 경우 – 품질보증기간 이내 • 정상적인 사용상태에서 발생한 경우 • 사용상 과실로 인하여 발생한 경우	– 무상수리 또는 부품교환 – 제품교환 또는 구입비환급 – 필수제비용을 포함한 구입가환급 또는 제품교환 – 구입가에서 정액감가상각 비 공제 후 환급 또는 제품 교환	* 감가상각방법 : 정액법에 의하되 내용연수(월할계산)를 적용 감가상각비계산은 $\frac{\text{사용연수}}{\text{내용연수}} \times \text{구입가}$ (필수제비용포함 : 등록세, 취득세, 교육세, 번호판대 등)로 한다.
– 품질보증기간 경과 후	– 필수제비용을 포함한 구입가에서 정액 감가상각한 잔여금액에 필수제비용을 포함한 구입가의 5%를 가산하여 환급 (감가상각한 잔여금액〈 0 이면, 0으로 계산) 또는 제품교환	감가 상각한 잔여금의 계산은 구입가 – 감가상각비

자전거		
분쟁유형	**해결기준**	**비고**
1) 구입 후 1개월 이내에 정상적인 사용상태에서 발생한 성능 · 기능상의 하자로 중요한 수리를 요할 때 2) 품질보증기간 이내에 정상적인 사용상태에서 발생한 성능 · 기능상의 하자로 인한 피해 – 하자발생시 – 수리불가능시 – 교환불가능시 – 교환된 제품이 1개월 이내에 중요한 수리를 요할 때	– 제품교환 또는 구입가 환급 – 무상수리 – 제품교환 또는 구입가 환급 – 구입가 환급 – 구입가 환급	품질보증기간 이내에 동일하자에 대해 2회까지 수리하였으나 하자가 재발하는 경우 또는 여러 부위 하자에 대해 4회까지 수리 하였으나 하자가 재발하는 경우는 수리 불가능한 것으로 본다.

보일러		
분쟁유형	해결기준	비고
1) 구입 후 10일 이내에 정상적인 사용상태에서 발생한 성능 · 기능상의 하자로 중요한 수리를 요할 때	– 제품교환 또는 구입가 환급	*교환 및 환급에 따른 비용계산 : 제설비에 따른 시공비용 포함
2) 구입 후 1개월 이내에 정상적인 사용상태에서 발생한 성능 · 기능상의 하자로 중요한 수리를 요할 때	– 제품교환 또는 무상 수리	
3) 품질보증기간 이내에 정상적인 사용상태에서 발생한 성능 · 기능상의 하자발생 – 하자 발생시 – 수리 불가능시 – 교환 불가능시 – 교환된 제품이 1개월 이내에 중요한 수리를 요할 때	 – 무상수리 – 제품교환 또는 구입가 환급 – 구입가 환급 – 구입가 환급	품질보증기간 이내에 동일하자 에 대해 2회까지 수리하였으나 하자가 재발하는 경우 또는 여러 부위 하자에 대해 4회까지 수리하였 으나 하자가 재발하는 경우는 수리불가능한 것으로 본다.
4) 수리용 부품을 보유하고 있지 않아 (부품의무 보유기간 이내) 발생한 피해 ① 품질보증기간 이내 • 정상적인 사용상태에서 성능 · 기능상의 하자로 인해 발생한 경우 • 소비자의 고의 · 과실로 인한 고장인 경우 ② 품질보증기간 경과 후	 – 제품교환 또는 환급 – 정액감가상각비 공제 후 환급 또는 제품교환 – 정액감가상각한 잔여금액에 구입가의 5%를 가산하여 환급 (감가상각한 잔여금액<0 이면, 0으로 계산) 또는 제품교환	감가상각한 잔여금의 계산은 구입가 – 감가상각비
5) 품질보증기간 이내에 시공상의 하자가 있는 경우	– 무상수리 또는 배상 (시공업자 책임)	

농업용기계, 어업용기계		
분쟁유형	해결기준	비 고
1) 품질보증기간 이내의 경우 – 제품의 결함으로 인하여 발생한 고장 – 재질 및 소재불량으로 인한 고장 – 가공치수 불량으로 인한 고장 – 조립불량 또는 설치 잘못으로 인한 고장 – 주요성능 · 기능상의 동일하자에 대해 2회까지 수리했으나 고장이 재발(3회째) – 포장 및 수송 불량으로 발생한 고장	 – 제품교환 – 무상수리 – 무상수리 – 무상수리 – 제품교환 또는 구입가 환급 – 무상수리	– 다음의 경우에 사업자는 현지 출장수리 • 소비자의 현품운송 거부 • 현품운송곤란 또는 운송비과다 • 농번기

농업용기계, 어업용기계		
분쟁유형	해결기준	비 고
2) 수리용 부품을 보유하지 않아(부품보유기간 이내) 발생한 피해 – 품질보증기간 이내 • 정상적인 사용상태에서 성능 · 기능상의 하자로 인해 발생한 경우 • 소비자의 고의 · 과실로 인한 고장인 경우 – 품질보증기간 경과 후 3) 정당한 사유의 통보없이 약정한 날로부 수리기간이 10일 이상을 초과할 경우(농번기 중)	– 제품교환 또는 구입가 환급 – 유상수리비 부담 후 제품교환 – 구입가에서 정액감가상각한 잔여금액에 구입가의 5%를 가산하여 환급 (감가상각한 잔여금액 < 0이면, 0으로 계산) – 피해배상	감가 상각한 잔여금의 계산은 구입가 – 감가상각비

농업용자재	
분쟁유형	해결기준
1) 품질불량 2) 제품하자로 인한 피해	– 제품교환 또는 구입가환급 – 손해배상

어구	
분쟁유형	해결기준
1) 품질불량 2) 제품하자로 인한 피해	– 제품교환 또는 구입가환급 – 손해배상

축산자재	
분쟁유형	해결기준
1) 품질불량 2) 제품하자로 인한 피해	– 제품교환 또는 구입가환급 – 손해배상

건축자재(위생기구)	
분쟁유형	해결기준
1) 품질불량(작동불량, 색채불량, 균열, 도금불량, 기준규격 미달 등) 2) 시공상의 하자(파손, 작동불량, 균열, 누수)	– 시공 전 : 교환, 환급 – 시공 후 : 수리, 배상 – 수리, 배상

건축자재(벽지)	
분쟁유 형	해결기준
1) 품질불량(변 · 퇴색, 색채불량, 기준규격 미달 등) 2) 시공상의 하자(변 · 퇴색, 보풀현상)	– 시공 전 : 교환, 환급 시공 후 : 수리, 배상 – 수리, 배상

건축자재(타일)	
분쟁유형	해결기준
1) 품질불량(변 · 퇴색, 기준규격 미달 등) 2) 시공상의 하자(백화 · 동해현상, 접착불량, 매직불량)	– 시공 전 : 교환, 환급 시공 후 : 수리, 배상 – 수리, 배상

건축자재(F.R.P. Tank)	
분쟁유형	해결기준
1) 품질불량(부식, 규격미달, 이음쇠불량) 2) 시공상의 하자(누수, 부식, 이음쇠불량)	– 시공 전 : 교환, 환급 시공 후 : 수리, 배상 – 배상

건축자재(페인트류)	
분쟁유형	해결기준
1) 품질불량(색상불량, 응고 등) 2) 시공상의 하자(색채 · 광택 · 배색 · 마감불량, 변 · 퇴색) 3) 용량부족	– 시공 전 : 교환, 환급 시공 후 : 수리, 배상 – 수리, 배상 – 교환, 환급

건축자재(시멘트 제품류)	
분쟁유형	해결기준
1) 품질불량(균열, 강도불량, 기준규격 미달 등 2) 시공상의 하자(균열, 마감불량)	– 시공 전 : 교환, 환급 시공 후 : 수리, 배상 – 수리, 배상

건축자재(창호재)	
분쟁유형	해결기준
1) 품질불량(작동불량, 파손, 기준규격 미달 등) 2) 시공상의 하자(작동불량, 파손)	– 시공 전 : 교환, 환급 시공 후 : 수리, 배상 – 수리, 배상

건축자재(목재류)	
분쟁유형	해결기준
1) 품질불량(파손, 균열, 규격미달, 색채불량, 건조불량 등) 2) 시공상의 하자(파손, 접촉불량, 마감불량 등)	– 시공 전 : 교환, 환급 시공 후 :수리, 배상 – 수리, 배상

문구	
분쟁유형	해결기준
– 정상적인 사용상태에서 제품 하자 발생 – 하자로 인한 피해발생	– 제품교환 또는 구입가 환급 – 제품교환 및 손해배상

주 방 용 품		
분쟁유형	해결기준	비고
1) 제품구입 후 1개월 이내에 자연 발생한 품질, 성능 · 기능 상의 하자로 인한 피해	– 제품교환 또는 구입가환급	
2) 품질보증 기간 이내에 정상적인 사용상태에서 발생한 품질 · 성능 · 기능상의 하자로 인한 피해 – 하자 발생시 – 수리하였으나 하자가 재발(2회째) – 수리 불가능시 – 교환 불가능시 또는 교환받았으나 동종의 하자가 발생한 경우	 – 무상수리 – 제품교환 – 제품교환 – 구입가환급	
3) 부품보유기간 이내에 수리용 부품을 보유하고 있지 않아 발생한 피해 – 품질보증기간 이내 • 정상적인 상태에서 자연 발생한 품질, 성능 · 기능상의 하자로 인해 발생된 경우 • 소비자의 고의 · 과실로 인한 고장인 경우 – 품질보증기간 경과 후	 – 제품교환 또는 구입비 환급 – 유상수리에 해당하는 금액징수 후 제품교환 – 구입가에서 정액감가상각한 잔여 금액에 구입가의 5%를 가산하여 환급 (감가상각한 잔여금액(0 이면, 0 으로 계산)	감가 상각한 잔여금의 계산은 구입가–감가상각비
4) 소비자가 수리 의뢰한 제품을 사업자가 분실했을 경우 – 품질보증기간 이내 – 품질보증기간 경과 후	 – 제품교환 또는 구입가환급 – 정액감가상각한 금액에 10%를 가산하여 환급(최고한도 : 구입가격)	

의 복 류(1–1)		
분쟁유형	해결기준	비고
1) 봉제불량 2) 원단불량(제직불량, 세탁 후 변색, 탈색, 수축 등) 3) 부자재불량(단추, 지퍼, 심지 등) 4) 치수(사이즈)의 부정확 5) 부당표시(미표시 및 부실표시) 및 소재구성 부적합으로인한 세탁사고	① 수리→② 교환→③ 환급	
6) 치수(사이즈)가 맞지 않거나 디자인 · 색상에 불만	– 교환 또는 환급(제품구입 후 7일 이내로서 제품에 손상이 없는 경우)	
7) 맞춤복의 원부자재 불량	– 수리, 재맞춤, 환(원부자재를 선정한 맞춤업자는 원부자재업자와 연대하여 책임짐)	– 배상 • 맞춤복원부 자재 불량의 경우 공임까지 배상

의 복 류(1–2)
– 교환 : 동일가격, 동일제품교환을 원칙으로 함. 상하 일착인 경우 한쪽에만 이상이 있어도 일착으로 처리함. – 배상 : 맞춤복은 원단불량일 경우 공임까지 배상 – 보상순위 : 보상은 무상수리, 유상수리, 교환, 환급의 순으로 함. – 하자원인규명 : 시험검사 불가 등의 사유로 하자원인 규명이 곤란할 경우 제조업자(판매사업자, 수입업자)는 당해 의류의 품질이 정상적임을 규명하여야 함.(구입 후 2년 이내의 제품에 한함) – 교환 및 환급기준 • 교환 또는 환급은 구입가격기준을 원칙으로 함. 단, 품질보증기간이내 제품은 구입가 환급, 품질보증기간경과 제품은 감가(세탁업배상 비율표 적용)함. • 표시가격 변동시의 구입 및 특수매장 구입여부를 불문하고, 구입처 교환을 원칙으로 함. • 상하 일착인 경우 한쪽에만 이상이 있어도 일착으로 처리함. 단, 소재 및 디자인이 다를 경우엔 해당 의류만 교환 • 환급요구시영수증제시

우산류		
분쟁유형	해결기준	비고
1) 제품구입 후 1개월 이내에 발생한 품질상 하자 – 부속품의 고장으로 접고 펴지지 않을 경우 – 구입시 녹이 붙어 있는 경우 – 원단의 색상이 변색 · 퇴색되는 경우 – 원단불량으로 누수 되는 경우 – 오염된 경우	– 제품교환	– 품질 보증기간 : 1개월
2) 품질보증기간 이내에 정상적인 사용상태에서 발생한 품질상 하자	– 무상수리	

신발		
분쟁유형	**해결기준**	**비고**
1) 봉제불량 2) 접착불량 3) 염색불량 4) 부자재 불량 5) 치수(사이즈)가 맞지 않거나 디자인 및 색상불만 6) 물이 스며듬	– ①무상수리→②교환→③환급 〃 〃 〃 – 교환 또는 환급(구입 후 7일 이내로 미착용시) – ①무상수리→②교환→③환급	– 보상제외 • 소비자과실 및 부주의로 인한 하자 • 장기착화제품 – 수리불가능시는 교환 – 교환/환급기준 • 품질보증기간 이내 제품은 구입가 기준, 품질 보증기간 경과 제품은 감가함(세탁업 배상비율 참조)

가죽제품		
분쟁유형	**해결기준**	**비고**
1) 접착불량 2) 봉제불량 3) 염색불량 4) 부자재 불량 5) 디자인 · 색상불만	– ①무상수리→②교환→③환급 〃 〃 〃 – 교환 또는 환급(구입 후 7일 이내로 미사용시)	– 교환/환급기준 • 품질보증기간 이내 제품은 구입가 기준, 품질보증기간 경과제품은 감가함(세탁업 배상비율 참조)

악기		
분쟁유형	**해결기준**	**비고**
1) 구입 후 10일 이내에 정상적인 사용상태에서 발생한 성능 · 기능상의 하자로 중요한 수리를 요할 때 2) 구입 후 1개월 이내에 정상적인 사용상태에서 발생한 성능 · 기능상의 하자로 중요한 수리를 요할 때 3) 품질보증기간 이내에 정상적인 사용상태에서 발생한 성능 · 기능상의 하자발생 – 하자 발생시 – 수리 불가능시 – 교환 불가능시 – 교환된 제품이 1개월 이내에 중요한 수리를 요할 때 4) 조율 – 품질보증기간 이내 : 2회 – 품질보증기간 이후	– 제품교환 또는 구입가 환급 – 제품 교환 또는 무상수리 – 무상수리 – 제품교환 또는 구입가 환급 – 구입가 환급 – 구입가 환급 – 무상조율 – 유상조율	품질보증기간 이내에 동일하자에 대해 2회까지 수리하였으나 하자가 재발하는 경우 또는 여러 부위 하자에 대해 4회 까지 수리하였으나 하자가 재발하는 경우는 수리 불가능한 것으로 본다.

타 이 어(1-1)		
분쟁유형	해결기준	비고
1) 세퍼레이션(Separation) – 접착불량 – 공기잠입에 의한 주행 중 성장 – 미가황에 의한 물성변화 – 이물입상태(모래, 약품 등) 2) 균열(Cracking) – 트레드(Tread)와 사이드 월(side wall)접합부 불량 – 과가황에 의한 물성변화 3) 비드(Bead)부 파손 – 비드부위에 공기가 들어감 – 비드부위에 미가황 – 비드와이어 위치불량 – 가황후몰드 및 팽창기에서 인출시 비드부위 손상 – 비드 굴곡 – 비드와이어 접착불량 4) 치핑, 청킹, 캇팅(Chipping, Chunking, Cutting) – 배합고무 분배불량에 의해서 고무가 떨어짐. – 과가황에 의한 고무 떨어짐.	– 제품교환(교환 불가능시 구입가 환급) – 제품교환(교환급가능시 구입가 환급) – 제품교환(교환급가능시 구입가 환급) – 제품교환(교환급가능시 구입가 환급)	– 적용:제조상 과실에 의한 손상인 경우 – 교환:마모율 10% 미만 – 환급 : 마모율 10%이상 80% 미만 * 환급금액 =구입가(VAT제외) × (1–마모율) * 마모율(%) (표준스키드깊이–잔여스키드깊이)/표준스키드깊이 × 100

타 이 어(1-2)		
분쟁유형	해결기준	비고
5) 이음매 벌어짐(Joint Open) – 트레이드의 이음매 부위가 접착불량으로 벌어짐 – 사이드 월 이음매 부위가 접착불량으로 벌어짐 6) 공기누출(Air Leakage) – 송곳(Awling)작업 불량에 의한 공기누출 – 비드 위치불량, 굴곡 Toe 불량으로 인한 공기누출 7) 계약한 규격과 인수한 규격이 다를 경우 8) 계약한 수량이 인수한 수량과 다를 경우	– 제품교환(교환급가능시 구입가환급) – 제품교환(교환급가능시 구입가 환급) – 제품교환(교환급가능시 구입가 환급) – 제품교환(교환급가능시 구입가 환급)	– 보상제외 • 마모율 80% 이상인 경우 • 수리제품 • 구입일로부터 3년 이상인 제품(증빙서 없는 경우는 제조일을 기준함) • 부당한 목적을 갖고 고타이어를 수집하여 보상청구를 한 것이 분명한 제품 • 상표명이 없는 제품 • 1년 이상인 무동력(자전거) 타이어

가방류		
분쟁유형	해결기준	비고
1) 봉제불량 2) 원단불량 3) 부자재불량 4) 염색불량 5) 설명서에 의한 정상적인 세탁 후 변형 변질이 있는 경우	– ①무상수리→②교환→③환급	
6) 디자인 · 색상불만	– 교환 또는 환급(구입 후 7일 이내로 미사용시)	

연 탄	
분쟁유형	해결기준
1) 규격미달 – 높이 142㎜ 오차 5% 이하 – 직경 150㎜ 오차 5% 이하 – 중량 3.6㎏이하 – 열량 4,400Kcal/㎏ 이하 – 강도 제품 15개 수거 중 5개 파손시	– 제품교환
2) 불완전 연소 – 제품수거 검사 후 제품에 이상이 있을 시	– 제품교환
3) 재 · 탄이 잘 깨어질 경우	– 제품교환
4) 연소시간 결함	– 제품교환
5) 저장품 파손 – 사용자 실수	– 용적 및 중량에서 유통비용 공제 후 제품교환
6) 이물질(화약류 등) 혼입에 의하여 연소 중 폭발	
– 재산피해	– 손해액 전액 배상
– 인명피해 • 부상 • 사망	– 완치시까지 치료비 및 인정할 수 있는 경비 배상 – 합의배상

생활위생용품		
분쟁유형	해결기준	비고
1) 이물혼입 2) 품질, 성능, 기능 불량	– 제품교환 또는 구입가 환급	– 일실소득 : 피해로 인하여 소득상실이 발생한 것이 입증된 때에 한하며, 금액을 입증할 수 없는 경우에는 시중노임 단가를 기준으로 함
3) 용기 불량으로 인한 피해사고 4) 부작용	– 치료비, 경비 및 일실소득 배상	
5) 수량부족	– 부족수량 지급	

가발		
분쟁유형	해결기준	비고
1) 품질보증기간 이내에 정상적인 사용상태에서 발생한 성능 기능상의 하자		
– 하자발생시	– 무상수리	
– 수리불가능시	– 제품교환 또는 구입가환급	
– 교환불가능시	– 구입가환급	
– 교환된제품이 1개월 이내에 중요한 수리를 요할 때	– 구입가환급	
2) 소비자가 수리의뢰한 제품을 사업자가 분실한 경우		
– 품질보증기간 이내	– 제품교환 또는 구입가환급	
– 품질보증기간 경과 후	– 정액감가상각한 금액에 10% 가산하여 환급(최고한도: 구입가격)	
3) 사업자의 귀책사유로 인한 계약해제	– 계약금 환급 및 제품가격의 10% 배상	
4) 소비자의 귀책사유로 인한 계약해제		– 실손해액은 사업자가 입증해야 함
– 제작이전	– 제품가격의 10% 공제 후 환급	
– 제작이 진행된 이후	– 제작에 소요된 실손해 배상	
– 제작완료후	– 계약해제 불가	

10. 공연업(2개 업종)

공연업 (1–1) / 영화 및 비디오물 상영업 제외		
분쟁유형	해결기준	비고
1) 공연이 취소되거나 관람일이 연기되어 고객이 입장료의 환불을 요구할 때		
– 공연업자의 귀책사유로 취소된 경우	– 입장료 환급 및 입장료의 10% 배상	– 관람권을 할인 판매한 경우에는 거래가격을 기준으로 하되, 이는 사업자가 입증
– 천재지변 등 불가항력의 경우	– 입장료 환급	
2) 관객의 환급 요구시		
– 공연일 10일전까지	– 전액환급	
– 공연일 7일전까지	– 10% 공제 후 환급	
– 공연일 3일전까지	– 20% 공제 후 환급	
– 공연일 1일전까지	– 30% 공제 후 환급	
– 공연당일 공연시작 전까지	– 90% 공제 후 환급	
– 단 공연 3일전까지는 예매후 24시간 이내 취소시	– 전액환급(비영업일은 시간 계산에서 제외)	

공연업 (1-2) / 영화 및 비디오물 상영업 제외	
분쟁유형	해결기준
3) 공연내용이 계약과 다른 경우(중요 출연자 교체, 예정 공연시간 1/20이하 공연 등)	– 입장료 환급 및 입장료의 10% 배상
4) 공연자에게 책임있는 사유로 인하여 공연이 30분 이상 지연된 경우 – 전체 공연 관람 – 공연 중단	 – 입장료의 10% 환급 – 입장료 환급 및 입장료의 10% 배상
5) 공연 입장권을 구입한자가 관림시간 표기 오류로 인하여 공연을 관람하지 못한 경우	– 입장료 환급 및 입장료의 20% 배상

영화관람	
분쟁유형	해결기준
1) 소비자의 사정으로 취소한 경우 – 영화상영 시작 전 20분까지 요청시 – 영화상영 시작 전 20분에서 시작시까지 요청시 – 영화상영 시작 후 요청시	 – 입장료 환급 – 입장요금의 50% 환급 – 환급불가
2) 사업자의 귀책사유로 상영이 지연된 경우 – 상영 예정시간보다 30분 이상 지연 – 상영 예정시간보다 한시간 이상 지연	 – 입장료 환급 – 입장요금의 두 배 환급
3) 사업자의 귀책사유로 상영이 중단된 경우 – 상영중 10분 이상 또는 2회 이상 중단된 경우 – 상영중 30분 이상 또는 3회 이상 중단된 경우	 – 입장료 환급 – 입장요금의 두 배 환급

11. 농 · 수 · 축산물(7개 업종)

란류, 육류, 곡류, 과일 · 야채류, 수산물류	
분쟁유형	해결기준
1) 함량, 용량, 중량, 개수 부족 및 표시내용 상위 2) 부패, 변질 3) 유통기간 경과 4) 이물혼입	– 당해품목 교환 또는 구입가환급
5) 부작용 6) 용기파손 등으로 인한 상해사고	– 치료비, 경비 및 일실소득 배상

사료	
분쟁유형	해결기준
1) 중량부족, 2) 부패, 변질, 3) 성분이상, 4) 유효기간 경과	– 제품교환 또는 구입가환급
5) 부작용	– 동물치료비 및 경비배상
6) 동물폐사	– 동물가격 배상

종묘등		
분쟁유형	**해결기준**	**비고**
1) 파종 전 불량 확인 ① 용량미달 ② 이물혼입 ③ 포장재 파손 ④ 유효기간 경과 ⑤ 부패, 변질	– 제품교환 또는 구입가환급	– 발아불량은 종자포장에 표시된 발아율이하로서 정상 발아기간 경과 후 15일 이내에 이의를 제기한 경우에 한함
2) 파종 후 종자불량에 의한 발아불량 및 타품종 혼입 ① 재파종 가능시	– 대파종자 교환 및 직접 경비 배상	– 직접경비 : 인건비, 자재비 등
② 재파종 불가능시 – 타품종으로 재파종이 가능한 경우	– 예상수익과 실수익과의 차액 배상	– 예상수익은 당초 재배품목의 최근 3년간 평균수확량에 해당연도 농가수취가격을 곱한 금액으로 산출함
– 타품목으로 재파종이 불가능한 경우	– 예상수익액 배상	
3) 생육장애 및 불량과 발생(재배기간 중 또는 재배결과) – 종자 하자일 경우	– 예상수익과 실수익과의 차액 배상	– 실제 생육상태와 광고내용이 다른 경우를 포함함
– 기상여건불량, 재배기술미흡, 종자하자 등 복합요인이 있을 경우	– 종자하자에 의한 기여도(배분율)에 따라 예상수익과 실수익과의 차액 배상	

12. 대리운전(1개 업종)

대 리 운 전	
분쟁유형	**해결기준**
1) 대리운전 기사의 운행 중 발생한 차량파손 등 물적 손해	– 대리운전 사업자가 차량수리비 등 피해액 배상
2) 대리운전 기사의 운행 중 발생한 과태료 및 범칙금 발생 피해	– 대리운전 사업자가 해당 과태료 또는 범칙금 배상
3) 부당한 대금청구	– 대리운전 사업자가 청구취소 또는 부당대금 환급

13. 문화용품 · 기타(4개 업종)

귀금속 · 보석	
분쟁유형	**해결기준**
1) 함량 및 중량미달	– 제품교환 또는 구입가환급
2) 치수 상이 – 구입 후 1개월 이내	– 무상수리 또는 제품교환

귀금속 · 보석	
분쟁유형	**해결기준**

3) 도금 또는 입힘상태 불량
  – 구입 후 1년 이내
4) 표시와 제품의 내용이 상이
  (등급, 색상, 크기, 천연 또는 합성품 등)
5) 조립불량
	– 무상수리 또는 제품교환
	– 제품교환 또는 구입가환급
	
	– 무상수리 또는 제품교환

악 세 사 리	
분쟁유형	**해결기준**

1) 디자인, 색상, 크기에 불만이 있는 경우
  – 구입 후 7일 이내로서제품에 손상이 없는 경우
2) 조립 불량
  – 부착물의 이탈, 끈, 고리 등의 절단
3) 도금 또는 입힘상태 불량
  – 구입일로부터 6개월 이내
	
	– 제품교환
	
	– 무상수리 또는 제품교환
	
	– 무상수리 또는 제품교환

도서 · 음반(1–1)		
분쟁유형	**해결기준**	**비고**
1) 품질하자(파손, 페이지수 부족, 녹음 · 녹화상태 불량)	– 교환	
2) 계약서 미교부 등(법령상 계약서 교부의무가 부여되어 있는 거래의 경우)	– 계약해제	
3) 구입자 철회권 행사기간 이내에 서면계약해제 요구에 대한 부당한 위약금 요구	– 위약금 없이 계약해제	– 기수수 상품(용역)의 동시 반환
4) 판매자가 구입자의 철회권 행사를 제한하기 위해 임의로 포장을 훼손한 경우	– 계약해제	– 상품반환비용 사업자 부담
5) 판매원 신분 허위, 판매처 허위인 계약	– 계약해제	
6) 회원제 판매 또는 복합상품 판매 후 일부계약 불이행	– 계약해제	– 계약해제시 이행부분 만을 기준으로 손료산정 공제한 후 환급
7) 정기간행물 구독계약을 중도해지한 경우(서면 계약해지의사 도달일 기준)		
– 사업자 사정으로 인한 경우	– 미경과 계약기간의 구독료 환급과 동 구독료 10% 금액 배상	
– 소비자 사정으로 인한 경우	– 미경과 계약기간의 구독료 에서 동 구독료의 10% 금액 공제 후 환급	– 구독료는 실거래 구독료를 기준으로 함
8) 도서, 음반, 정기간행물 계약의 중도해지시 제공받은 사은품		
– 제품에 손상이 없는 경우	– 반환	
– 제품이 훼손된 경우	– 업체 매입가 배상	
9) 청약철회기간 이후 계약 해제 시(법령상 청약철회가 가능한 거래의 경우)	– 통상사용율 또는 사용손해율에 의한 손율공제 후 계약해제	

도서 · 음반(1-2)

※ 통상사용율 및 사용손해율

– 통상사용율과 사용손해율을 비교하여 높은 쪽의 손율을 택함

– 사용손해율은 원칙적으로 도서류나 음반류의 낱개 각각에 대한 상태를 기준으로 함. 단, 낱개로 분리하기 곤란한 경우에는 분리가능한 단위를 기준으로 함.

ㅁ 도서류

가. 통상사용율(통상사용료의 비율)

사용기간	1개월 미만	1개월 이상~2개월 미만	2개월 이상~3개월 미만	3개월 이상~4개월 미만	4개월 이상~5개월 미만
통상사용율(%)	20	23	27	30	40

사용기간	5개월 이상~6개월 미만	6개월 이상~7개월 미만	7개월 이상~8개월 미만	8개월 이상~9개월 미만	9개월 이상~10개월 미만
통상사용율(%)	50	60	70	80	90

나. 사용손해율(상품반환시의 손해금의 비율)

제품상태	손율(%)
반환상태가 양호한 경우	20
반환상태가 다소 불량한 경우(도서에 다소간의 오파손이 있어 책으로의 재판매가 곤란한 경우)	50
반환상태가 몹시 불량한 경우(도서에 오파손이 심하거나 가필날인 등이 있어 상품의 가치를 상실한 경우)	85

ㅁ 음반류 : 낱개로 밀봉된 음반, 비디오물 및 소프트웨어에 적용하며, 개봉된 음반류는 복사한 것으로 간주하여 개봉된 수량에 대한 가격을 산정. 단, 음반류의 품질에 하자가 있는 경우에는 개봉한 경우라 하더라도 손료를 적용하지 아니함.

ㅁ 도서류 또는 음반류가 다른 상품과 복합 상품으로 판매된 경우 : 개별상품의 통상사용율과 사용손해율을 적용

스포츠 · 레저용품

분쟁유형	해결기준	비고
1) 구입 후 1개월 이내에 정상적인 사용상태에서 발생한 성능 · 기능상의 하자로 중요한 수리를 요할 때	–제품교환 또는 구입가 환급	품질보증기간 이내에 동일하자에 대해 2회까지 수리하였으나 하자가 재발하는 경우 또는 여러부위 하자에 대해 4회 까지 수리하였으나 하자 가 재발하는 경우는 수리 불가능한 것으로 본다.
2) 품질보증기간 이내에 정상적인 사용상태에서 발생한 성능 · 기능상의 하자		
– 하자 발생시	– 무상수리	
– 수리 불가능시	– 제품교환 또는 구입가 환급	
– 교환불가능시	– 구입가환급	
– 교환된 제품이 1개월 이내에 중요한 수리를 요할 때	– 구입가 환급	

스포츠 · 레저용품		
분쟁유형	해결기준	비고
3) 사용자가 수리 의뢰한 제품을 사업자가 분실했을 경우 – 품질보증기간 이내 – 품질보증기간 경과 후 4) 부품보유기간 이내에 수리용 부품을 보유하고 있지 않아 발생한 피해 – 품질보증기간 이내 • 정상적인 상태에서 자연 발생한 품질, 성능 · 기능상의 하자로 인해 발생된 경우 • 소비자의 고의 · 과실로 인한 고장인 경우 – 품질보증기간 경과 후	– 제품교환 또는 구입가환급 – 정액감가상각한 금액을 10%를 가산하여 환급(최고 한도 : 구입가격) – 제품교환 또는 구입가환급 – 유상수리에 해당하는 금액 징수 후 제품교환 – 정액감가상각한 잔여금액에 구입가의 5%를 가산하여 환급 (감가상각한 잔여금액〈 0 이면, 0으로 계산)	※ 골프용품의 경우 제품교환의 기준이 되는 기간은 다음과 같다 – 골프채 : 구입 후 3개월 이내 – 기타 골프용품(장갑, 구두) : 구입 후 6개월 이내 감가상각한 잔여금의 계산은 구입가 – 감가상각비

14. 미용업(2개 업종)

피부미용업, 모발미용업		
분쟁유형	해결기준	비고
1) 제공된 용역이 계약내용과 다른 경우 2) 신체상의 피해가 발생한 경우 3) 사업자의 귀책사유로 인한 계약해지 – 개시일 이전 – 개시일 이후 4) 소비자의 귀책사유로 인한 계약해지 – 개시일 이전 – 개시일 이후	– 계약해지 (해지일까지의 이용일수 해당금액을 공제한 후 환급) – 사업자의 책임하에(사업자가 비용부담) 원상회복하고,원상회복이 불가능한 경우에는 손해배상 – 계약금 전액 환급 및 총 이용금액의 10%를 배상 – 해지일까지의이용일수에 해당하는 금액 공제 후 환급 및 총 이용금액의 10% 배상 – 소비자는 총 이용금액의 10% 부담 – 소비자는 해지일까지의 이용일수에 해당하는 금액과 총 이용금액의 10% 부담	– 이용일수 해당금액 = 전체금액× (실제 이용 일수/계약상 전체이용일수) (별도의 화장품 요금 청구금지)로 한다 – 서비스 횟수로 계약 한 경우 이용 횟수에 해당하는 금액 공제 후 환급한다. 비용을 사업자가 이미 수수한 경우에 사업자는 이미 수수한 비용에서 소비자 부담액을 공제한 나머지 금액을 소비자에게 환급

15. 부동산중개업(1개 업종)

부동산중개업	
분쟁유형	**해결기준**
1) 부동산 중개수수료의 과다징수 2) 부동산 중개대상물의 확인 · 설명을 소홀히 하여 재산상의 피해를 발생하게 한 경우	– 차액환급 – 손해액 배상

16. 사진현상 및 촬영업(1개 업종)

사진현상 및 촬영업(1-1)		
분쟁유형	**해결기준**	**비고**
1) 하자 없이 촬영한 필름인화 의뢰시 현상과정에서의 하자로 정상적인 사진인화 불가	– 사진 촬영시 소요된 비용 및 손해배상	
2) 촬영 의뢰한 사진 및 비디오의 멸실 또는 상태불량	– 계약금 환급 및 손해배상	
3) 사업자의 카메라 대여시 소비자 과실로 인한 카메라 손상부분에 대한 수리비용 과다청구	– 손상된 부분의 부품대 및 원자재 비용만 부담	
4) 사업자가 소비자의 촉탁에 의해 대가를 받고 촬영한 증명사진 및 기념사진(백일, 돌, 입학, 졸업, 회갑 등)의 원판(광학방식의 필름원판, Digital 방식의 사진 File 포함)의 인도요구를 받은 경우	– 사전계약에 의하되, 계약이 없는 경우에는 ① 광학방식의 필름원판은 소비자에게 인도 ② Digital 방식의 사진 File은 소비자에게 인도하되, 인도에 소요되는 재료비(공CD, 공디스켓 등) 등 실비는 소비자의 부담으로 할 수 있음	– 사진원판의 인도시 저작권은 양도되지 않음 – 사업자의 사진원판 보관시 보관기간은 1년

사진현상 및 촬영업(1-2)		
분쟁유형	**해결기준**	**비고**
5) 1회 이상 촬영하는 기념사진(성장앨범 등)의 계약해제 또는 해지 ① 사업자의 책임있는 사유로 인한 계약해제 또는 해지 및손해발생		– Digital 방식의 사진원판은 보정 된 최종 수정 File을 원판이라 함.
– 사진 촬영 개시 이전	– 계약금 환급 및 총 요금의 10% 배상	
– 사진 촬영 개시 이후	– 계약금 환급 및 촬영한 사진원판 제공	
② 소비자의 책임있는 사유로 인한 계약해제 또는 해지		
– 사진 촬영 개시 이전	– 소비자는 총 요금의 10% 부담	비용을 사업자가 이미수수한 경우에 사업자는 이미 수수한 비용에서 소비자 부담액을 공제한 나머지 금액을 소비자에게 환급
– 사진 촬영 개시 이후	– 소비자는 기 촬영된 단계비용 및 잔여금액의 10% 부담(단, 미제작된 앨범가격은 소비자 부담 대상 아님) ※ 계약서상 단계별 촬영비용이 기재되어 있지 않는 경우 : 기 촬영된 단계 횟수 / 총 단계 횟수 X 총요금 환급 – 앨범가격에 대한 입증은 사업자가 함.(신설)	

17. 산후조리원(1개 업종)

산후조리원		
분쟁유형	**해결기준**	**비고**
1) 입소 전 계약해제 ① 사업자의 귀책사유로 인한 경우	– 계약금 환급 및 계약금의 100% 배상	– 계약금이 총 이용금액의 10%를 초과하는 경우에는 초과되는 금액은 전액 환급하고, 그 나머지는 보상기준에서 정한 비율에 따라 환급한다.
② 소비자의 귀책사유로 인한 경우 – 입소예정일 전 9일 이후 – 입소예정일 전 10일 ~ 20일 – 입소예정일 전 21일 ~ 30일 – 입소예정일 전 31일 이전 또는 계약 후 24시간 이내	 – 계약금 전액 미환급 – 계약금의 30% 환급 – 계약금의 60% 환급 – 계약금 전액 환급	
2) 입소 후 계약해제 ① 사업자의 귀책사유로 인한 경우	– 총 이용금액에서 이용기간에 해당하는 요금을 공제한 잔액을 환급하고, 총이용금액의 10% 배상	
② 소비자의 귀책사유로 인한 경우	– 총 이용금액에서 (이용기간에 해당하는 요금 + 총 이용금액의 10%)를 공제한 잔액을 환급	

18. 상조업(1개 업종)

상조업 (1–1)		
분쟁유형	**해결기준**	**비고**
1) 계약서 미발급 – 계약일로부터 3개월 이내	– 계약철회(계약금 및 할부금 환급)	
2) 사업자 귀책사유로 인한 계약해제 · 해지 및 손해발생	– 행사개시 이전: 계약해제 (기납입액 환급)	– 계약이후 소비자가 기초생활자로 된 경우에는 전액환급

상조업 (1–2)		
분쟁유형	**해결기준**	**비고**
3) 소비자 귀책사유로 의한 계약해지 ① 월단위로 납입한 경우 ② 부정기형 선불식 할부 계약으로 납입한 경우 : 특정금액을 (명칭여하 불문) 일시불 납입하거나 혹은 수회에 걸쳐 납입하고, 행사 후 잔액을 납입하기로 계약한 상품의 해지	– 행사개시 이후: 손해배상 – 다음의 계산식에 의해 환급 – 납입금 누계액의 85% 환급	
4) 소비자가 선불식 할부거래에 관한 청약을 14일 이내에 철회하는 경우	– 계약금 및 할부금 환급	다음 각 호의 어느 하나에 해당 하는 사유로 소비자

<table>
<tr><th colspan="3">상조업 (1-2)</th></tr>
<tr><th>분쟁유형</th><th>해결기준</th><th>비고</th></tr>
<tr><td>5) 소비자의 계약해제 : 그 계약에 의한 재화 등의 공급을 받지 아니한 경우

6) 소비자가 계약해지시 부가상품 등을 반환하는 경우</td><td>– 이미 지급받은 대금에서 공정위 고시에 의거하여 산출된 위약금을 뺀 금액을 소비자에게 환급
– 사업자가 고지한 가액의 85% 이상 환급(단, 부가상품이일부 소비되거나 훼손된 경우 그 부분만큼 감액 가능)</td><td>가 계약을 해지하는 경우에는 위약금을 청구하지 못함
1. 휴업 또는 폐업신고를 한 때
2. 영업정지 처분을 받은 때
3. 등록이 취소되거나 말소된 때
4. 「은행법」에 따른 은행으로부터 당좌거래의 정지처분을 받은 때
5. 파산 또는 회생절차 개시의 신청이 있는 때</td></tr>
<tr><td colspan="3">* 상조상품 해약환급금 계산식
• 해약환급금 = 상조적립금 – 모집수당 공제액
• 모집수당 공제액 = 모집수당 × 0.75 + 모집수당 × 0.25 × 기 납입 월수/총 납입기간 월수
• 상조적립금 = 납입금 누계 – 관리비 누계
• 상조적립금이 모집수당 공제액보다 적은 경우에는 해약환급금을 0으로 함
• 모집수당은 총계약대금 대비 최대 10%로 하되, 500,000원을 초과할 수 없음
• 월별 관리비는 월 납입금 대비 최대 5%로 하되, 월별 관리비의 합계는 500,000원을 초과할 수 없음</td></tr>
</table>

*** 만기 10년, 월납 30,000원인 상조상품의 환급액 계산표 예시**

회차	납입금 누계	관리비 누계	모집수당 공제액	해약환급금	환급률
1	30,000	1,500	270,750	0	0.0%
2	60,000	3,000	271,500	0	0.0%
3	90,000	4,500	272,250	0	0.0%
4	120,000	6,000	273,000	0	0.0%
5	150,000	7,500	273,750	0	0.0%
6	180,000	9,000	274,500	0	0.0%
7	210,000	10,500	275,250	0	0.0%
8	240,000	12,000	276,000	0	0.0%
9	270,000	13,500	276,750	0	0.0%
10	300,000	15,000	277,500	7,500	2.5%
11	330,000	16,500	278,250	35,250	10.7%
12	360,000	18,000	279,000	63,000	17.5%

회차	납입금 누계	관리비 누계	모집수당 공제액	해약환급금	환급률
13	390,000	19,500	279,750	90,750	23.3%
14	420,000	21,000	280,500	118,500	28.2%
15	450,000	22,500	281,250	146,250	32.5%
16	480,000	24,000	282,000	174,000	36.3%
17	510,000	25,500	282,750	201,750	39.6%
18	540,000	27,000	283,500	229,500	42.5%
19	570,000	28,500	284,250	257,250	45.1%
20	600,000	30,000	285,000	285,000	47.5%
21	630,000	31,500	285,750	312,750	49.6%
22	660,000	33,000	286,500	340,500	51.6%
23	690,000	34,500	287,250	368,250	53.4%
24	720,000	36,000	288,000	396,000	55.0%
25	750,000	37,500	288,750	423,750	56.5%
26	780,000	39,000	289,500	451,500	57.9%
27	810,000	40,500	290,250	479,250	59.2%
28	840,000	42,000	291,000	507,000	60.4%
29	870,000	43,500	291,750	534,750	61.5%
30	900,000	45,000	292,500	562,500	62.5%
31	930,000	46,500	293,250	590,250	63.5%
32	960,000	48,000	294,000	618,000	64.4%
33	990,000	49,500	294,750	645,750	65.2%
34	1,020,000	51,000	295,500	673,500	66.0%
35	1,050,000	52,500	296,250	701,250	66.8%
36	1,080,000	54,000	297,000	729,000	67.5%
37	1,110,000	55,500	297,750	756,750	68.2%
38	1,140,000	57,000	298,500	784,500	68.8%
39	1,170,000	58,500	299,250	812,250	69.4%
40	1,200,000	60,000	300,000	840,000	70.0%
41	1,230,000	61,500	300,750	867,750	70.5%
42	1,260,000	63,000	301,500	895,500	71.1%
43	1,290,000	64,500	302,250	923,250	71.6%

회차	납입금 누계	관리비 누계	모집수당 공제액	해약환급금	환급률
44	1,320,000	66,000	303,000	951,000	72.0%
45	1,350,000	67,500	303,750	978,750	72.5%
46	1,380,000	69,000	304,500	1,006,500	72.9%
47	1,410,000	70,500	305,250	1,034,250	73.4%
48	1,440,000	72,000	306,000	1,062,000	73.8%
49	1,470,000	73,500	306,750	1,089,750	74.1%
50	1,500,000	75,000	307,500	1,117,500	74.5%
51	1,530,000	76,500	308,250	1,145,250	74.9%
52	1,560,000	78,000	309,000	1,173,000	75.2%
53	1,590,000	79,500	309,750	1,200,750	75.5%
54	1,620,000	81,000	310,500	1,228,500	75.8%
55	1,650,000	82,500	311,250	1,256,250	76.1%
56	1,680,000	84,000	312,000	1,284,000	76.4%
57	1,710,000	85,500	312,750	1,311,750	76.7%
58	1,740,000	87,000	313,500	1,339,500	77.0%
59	1,770,000	88,500	314,250	1,367,250	77.2%
60	1,800,000	90,000	315,000	1,395,000	77.5%
61	1,830,000	91,500	315,750	1,422,750	77.7%
62	1,860,000	93,000	316,500	1,450,500	78.0%
63	1,890,000	94,500	317,250	1,478,250	78.2%
64	1,920,000	96,000	318,000	1,506,000	78.4%
65	1,950,000	97,500	318,750	1,533,750	78.7%
66	1,980,000	99,000	319,500	1,561,500	78.9%
67	2,010,000	100,500	320,250	1,589,250	79.1%
68	2,040,000	102,000	321,000	1,617,000	79.3%
69	2,070,000	103,500	321,750	1,644,750	79.5%
70	2,100,000	105,000	322,500	1,672,500	79.6%
71	2,130,000	106,500	323,250	1,700,250	79.8%
72	2,160,000	108,000	324,000	1,728,000	80.0%
73	2,190,000	109,500	324,750	1,755,750	80.2%
74	2,220,000	111,000	325,500	1,783,500	80.3%

회차	납입금 누계	관리비 누계	모집수당 공제액	해약환급금	환급률
75	2,250,000	112,500	326,250	1,811,250	80.5%
76	2,280,000	114,000	327,000	1,839,000	80.7%
77	2,310,000	115,500	327,750	1,866,750	80.8%
78	2,340,000	117,000	328,500	1,894,500	81.0%
79	2,370,000	118,500	329,250	1,922,250	81.1%
80	2,400,000	120,000	330,000	1,950,000	81.3%
81	2,430,000	121,500	330,750	1,977,750	81.4%
82	2,460,000	123,000	331,500	2,005,500	81.5%
83	2,490,000	124,500	332,250	2,033,250	81.7%
84	2,520,000	126,000	333,000	2,061,000	81.8%
85	2,550,000	127,500	333,750	2,088,750	81.9%
86	2,580,000	129,000	334,500	2,116,500	82.0%
87	2,610,000	130,500	335,250	2,144,250	82.2%
88	2,640,000	132,000	336,000	2,172,000	82.3%
89	2,670,000	133,500	336,750	2,199,750	82.4%
90	2,700,000	135,000	337,500	2,227,500	82.5%
91	2,730,000	136,500	338,250	2,255,250	82.6%
92	2,760,000	138,000	339,000	2,283,000	82.7%
93	2,790,000	139,500	339,750	2,310,750	82.8%
94	2,820,000	141,000	340,500	2,338,500	82.9%
95	2,850,000	142,500	341,250	2,366,250	83.0%
96	2,880,000	144,000	342,000	2,394,000	83.1%
97	2,910,000	145,500	342,750	2,421,750	83.2%
98	2,940,000	147,000	343,500	2,449,500	83.3%
99	2,970,000	148,500	344,250	2,477,250	83.4%
100	3,000,000	150,000	345,000	2,505,000	83.5%
101	3,030,000	151,500	345,750	2,532,750	83.6%
102	3,060,000	153,000	346,500	2,560,500	83.7%
103	3,090,000	154,500	347,250	2,588,250	83.8%
104	3,120,000	156,000	348,000	2,616,000	83.8%
105	3,150,000	157,500	348,750	2,643,750	83.9%

회차	납입금 누계	관리비 누계	모집수당 공제액	해약환급금	환급률
106	3,180,000	159,000	349,500	2,671,500	84.0%
107	3,210,000	160,500	350,250	2,699,250	84.1%
108	3,240,000	162,000	351,000	2,727,000	84.2%
109	3,270,000	163,500	351,750	2,754,750	84.2%
110	3,300,000	165,000	352,500	2,782,500	84.3%
111	3,330,000	166,500	353,250	2,810,250	84.4%
112	3,360,000	168,000	354,000	2,838,000	84.5%
113	3,390,000	169,500	354,750	2,865,750	84.5%
114	3,420,000	171,000	355,500	2,893,500	84.6%
115	3,450,000	172,500	356,250	2,921,250	84.7%
116	3,480,000	174,000	357,000	2,949,000	84.7%
117	3,510,000	175,500	357,750	2,976,750	84.8%
118	3,540,000	177,000	358,500	3,004,500	84.9%
119	3,570,000	178,500	359,250	3,032,250	84.9%
120	3,600,000	180,000	360,000	3,060,000	85.0%

납입회차	월회비	관리비 비율	모집수당 비율
120개월	30,000	5%	10%

19. 상품권 관련업(1개 업종)

상품권	
분쟁유형	해결기준
1) 금액상품권의 경우 잔액환급비율의 금액 이상에 상당하는 물품 또는 용역을 제공받고 그 잔액을 환급하여 줄 것을 요구하였으나 잔액환급을 거부하는 경우(금액상품권)	– 잔액 현금 환급
2) 특정상품에 대하여 상품권 상환을 거부하거나 할인매장 또는 할인기간 중이라는 이유 등으로 상품권 상환을 거부하는 경우	– 당해상품 제공의무 이행 또는 상환을 제시한 상품권의 권면금액 전액 현금 환급
3) 상품권발행자의 영업양도 등이 있는 경우 상품권발행자의 변경 등의 이유로 상품권상환을 거부하는 경우	– 상환의무 이행
4) 유효기간은 경과하였으나 상사채권 소멸시효(5년) 이내인 상품권의 상환을 거부하는 경우	– 권면금액의 100분의 90에 해당하는 현금, 물품 또는 용역의 상환의무이행
5) 물품상품권 또는 금액상품권의 경우 물품 또는 용역의 제공이 불가능하거나 지체되어 당해 상품권의 현금상환을 요구하였으나 이를 거부하는 경우	– 상환의무 이행

상품권	
분쟁유형	해결기준
– "상품권"이라함은 그 명칭 또는 형태에 관계없이 발행자가 일정한 금액이나 물품 또는 용역의 수량이나 기재(전자 또는 자기식 방법에 의한 기록을 포함한다)된 무기명증표를 발행 · 매출하고 그 소비자가 발행자 또는 발행자가 지정하는 자에게 이를 제시 또는 교부하거나 기타의 방법으로 사용함으로써 그 증표에 기재된 내용에 따라 물품 또는 용역을 제공받을 수 있는 유가증권을 말한다. 다만, 전자금융거래법상 전자화폐나 선불전자지급수단은 제외한다. – 잔액환급비율 (=구매대금/상품권 권면금액) • 상품권의 권면금액이 1만원 초과일 경우 : 100분의 60 • 상품권의 권면금액이 1만원 이하일 경우 : 100분의 80 • 상품권을 2매 이상 동시에 사용한 경우에는 상품권 권면금액의 합계액을 기준으로 함. 다만, 구매대금과 무관한 상품권은 합계액에 포함하지 않음. – 보상책임자 : 상품권 발행자(직영매장포함)와 상품권발행자가 지정한자 (상품권사용가맹점 등)	

20. 세탁업(1개 업종)

세탁업	
분쟁유형	해결기준
1) 하자발생(탈색, 변 · 퇴색, 재오염, 손상 등)	– 사업자의 책임하에 (사업자 비용 부담) 원상회복, 불가능시 손해배상
2) 분실 또는 소실	– 손해배상

1. 배상액의 산정방식
   ① 배상액= 물품구입가격× 배상비율(배상비율표 참조)
   ② 다만, 소비자와 세탁업자간의 배상에 대한 특약이 있는 경우에는 그에 따름.
2. 손해배상액의 감액
   ① 세탁물의 손상 등에 대하여 고객도 일부 책임이 있는 경우 세탁업자의 손해배상액에서 그에 해당하는 금액을 공제
   ② 고객이 손상된 세탁물을 인도받기를 원하는 경우에는 배상액의 일부를 감액할 수 있음
3. 배상의무의 면제
   ① 고객이 세탁물에 이상이 없다는 확인서를 세탁업자에게 교부했을 때는 세탁업자는 세탁물 하자에 대한 보수나 손해배상책임을면함. 이 경우 확인서는 인수증에 날인 또는 기명하는 것으로 대신할 수 있음. 단 고객이 이상 없음을 확인하였더라도 추후 세탁업자의 고의, 과실이 있음을 입증한 경우에는 면책되지 않음.
   ② 세탁업자는 다음 각호의 경우 세탁물의 하자 또는 세탁의 지체로 인한 소비자피해에 대해 면책됨
   – 세탁업자의 세탁물 회수에 대한 통지에도 불구하고 통지도달일로부터 30일이 경과하도록 미회수하는 경우
   – 고객이 세탁완성예정일(고객의 동의로 완성예정일이 연기된 경우 연기된 완성예정일)의 다음날부터 3개월간 완성된 세탁물을 미회수 하는 경우
4. 세탁물 확인의무
   – 세탁업자는 세탁물인수시 의뢰받은 세탁물상의 하자여부를 확인할 책임이 있음.
5. 세탁물 인수증 교부의무
   ① 세탁업자는 세탁물 인수시 다음 각호의 내용을 기재한 인수증을 교부하여야 함.

– 세탁업자의 상호, 주소 및 전화번호
– 고객의 성명, 주소 및 전화번호
– 세탁물 인수일
– 세탁완성 예정일
– 세탁물의 구입가격 및 구입일(20만원 이상제품의 경우)
– 세탁물의 품명, 수량 및 세탁요금
– 피해발생시 손해배상기준
– 기타사항(세탁물보관료,세탁물의 하자유무, 특약사항)

② 인수증 미교부시 세탁물 분실에 대해서는 세탁업소에서 책임을 짐

5–1. 손해배상대상세탁물

① 손해배상의 산정기준은 인수증에 기재된 바에 따름. 단 세탁업자가 세탁물의 품명, 구입가격, 구입일이 인수증의 기재내용과 상이함을 증명한 경우에는 그에 따름

② 세탁업자가 손해배상 산정에 필요한 인수증 기재사항을 누락했거나 또는 인수증을 교부하지 않은 경우에는 고객이 입증하는 내용(세탁물의 품명, 구입가격, 구입일 등)을 기준으로 함

③ 고객이 세탁물의 품명, 구입가격, 구입일 등을 입증하지 못하여 배상액 산정이 불가한 경우에는 세탁업자는 고객에게 세탁요금의 20배를 배상함

6. Set의류의 배상액 산정기준

① 양복 상하와 같이 2점이상이 1벌일 때는 1벌 전체를 기준으로 하여 배상액을 산정함.

② 단, 소비자가 1벌중 일부만을 세탁업자에게 세탁의뢰 하였을 경우에는 그 일부에 대하여만 배상함.

7. Set의류의 배상액 배분

①상 · 하의가 한 Set인 경우 : 상의 65%, 하의 35%

②상 · 중 · 하의가 한 Set인 경우 : 상의 55%, 하의 35%, 중의 10%

③한복 중 치마저고리, 바지저고리는 상의50%, 하의50%

④세트의류라 하더라도 각각의 가격이 정해져 있는 경우는 그 가격에 따름.

8. 탈부착용 부속물(털, 칼라, 모자 등)이 손상된 경우는 동 부속물만을 대상으로 배상액을 결정한다. 단, 부속물이 해당 의류의 기능 발휘에 없어서는 안될 필수적인 경우(방한복의 모자 등)에는 의류 전체를 기준으로 배상액을 산정한다.

배상비율표

배상비율(%) / 내용연수	95	80	70	60	50	45	40	35	30	20	10	
1	0~ 14	15~ 44	45~ 89	90~ 134	135~ 179	180~ 224	225~ 269	270~ 314	315~ 365	366~ 547	548~	
2	0~ 28	29~ 88	89~ 178	179~ 268	269~ 358	259~ 448	449~ 538	539~ 628	629~ 730	731~ 1,095	1,096~	
3	0~ 43	44~ 133	134~ 268	269~ 403	404~ 538	539~ 673	674~ 808	809~ 943	944~ 1,095	1,096~ 1,642	1,643~	물품 사용 일수
4	0~ 57	58~ 177	178~ 357	358~ 537	538~ 717	718~ 897	898~ 1,077	1,078~ 1,257	1,258~ 1,460	1,461~ 2,190	2,191~	
5	0~ 72	73~ 222	223~ 447	448~ 672	673~ 897	898~ 1,122	1,123~ 1,347	1,348~ 1,572	1,573~ 1,825	1,826~ 2,737	2,738~	

배상비율(%) / 내용연수	95	80	70	60	50	45	40	35	30	20	10	
6	0~ 86	87~ 266	267~ 536	537~ 806	807~ 1,076	1,077~ 1,346	1,347~ 1,616	1,617~ 1,886	1,887~ 2,190	2,191~ 3,285	3,286~	
	물품 사용일수(물품 구입일로부터 사용여부에 상관없이 세탁의뢰일 까지 계산한 일수)											

21. 소셜커머스(1개 업종)

소셜커머스		
분쟁유형	**해결기준**	**비 고**
1) 사업자의 책임있는 사유로 인한 계약해제 · 해지 – 상품에 대한 허위 · 과장광고 또는 기망행위에 의한 판매 – 계약 내용의 임의 변경 – 사업자의 서비스 중단 또는 사이트 무단 폐쇄 – 상품 제공업자의 서비스 중단 – 상품의 결함 및 결함 상품의 배송	– 서비스 구매대금 환급	분쟁해결기준에 관련 기준이 있는 품목에 대해서는 그 품목의 기준을 우선 적용
2) 사업자가 소비자의 청약 철회를 제한하거나 방해하는 행위 – 청약 철회 거부 – 청약 철회의 제한 또는 고의적 지연	– 서비스 구매대금 환급 및 서비스 구매대금의 10% 배상	
3) 소비자의 책임있는 사유로 인한 계약해제 · 해지 – 구입 후 7일 이내	– 서비스 구매대금 환급	
4) 사업자가 소비자의 쿠폰 사용을 제한하는 경우 – 일반 이용자와의 고의적으로 차별	– 서비스 구매대금 환급 및 서비스 구매대금의 10% 배상	
5) 상품구매 쿠폰 유효기간 – 유효기간 명시 불명확 – 쿠폰 사용기간 내 매진	 – 서비스 구매대금 환급 – 서비스 구매대금 환급 및 서비스 구매대금의 10% 배상	
6) 상품구매 구폰 관련 기타 사항 – 쿠폰발송 지연 – 소비자가 청약 철회기간내에 미사용 쿠폰의 일부 환불 요구 시	 – 서비스 구매대금 환급 – 서비스 구매대금에서 사용쿠폰의 서비스 구매대금을 제외하고 환급	

22. 숙박업(1개 업종)

숙박업		
분쟁유형	**해결기준**	**비고**
1) 성수기 주중		
① 소비자의 책임있는 사유로 인한 계약해제		
– 사용예정일 10일 전까지 취소 또는 계약체결당일 취소	– 계약금 환급	
– 사용예정일 7일 전까지 취소	– 총요금의 10% 공제후 환급	– 소비자가 사용당일 사용예정 시간까지 통보가 없는 경우에는 사용당일 취소로 본다.
– 사용예정일 5일 전까지 취소	– 총요금의 30% 공제후 환급	
– 사용예정일 3일 전까지 취소	– 총요금의 50% 공제후 환급	
– 사용예정일 1일 전까지 또는 사용예정일 당일 취소	– 총요금의 80% 공제후 환급	
② 사업자의 귀책사유로 인한 계약해제		
– 사용예정일 10일 전까지 취소	– 계약금 환급	* 성수기는 사업자가 약관에 표시한 기간을 적용하되 약관에 관련 내용이 없는 경우에는 다음의 기간을 적용한다.
– 사용예정일 7일 전까지 취소	– 계약금 환급 및 총요금의 10% 배상	
– 사용예정일 5일 전까지 취소	– 계약금 환급 및 총요금의 30% 배상	
– 사용예정일 3일 전까지 취소	– 계약금 환급 및 총요금의 50% 배상	
– 사용예정일 1일 전까지 또는 사용예정일 당일 취소	– 손해배상	– 여름시즌: 7.15~8.24 – 겨울시즌: 12.20~2.20
2) 성수기 주말		
① 소비자의 책임있는 사유로 인한 계약해제		
– 사용예정일 10일 전까지 취소 또는 계약체결당일 취소	– 계약금 환급	
– 사용예정일 7일 전까지 취소	– 총요금의 20% 공제후 환급	
– 사용예정일 5일 전까지 취소	– 총요금의 40% 공제후 환급	
– 사용예정일 3일 전까지 취소	– 총요금의 60% 공제후 환급	
– 사용예정일 1일 전까지 또는 사용예정일 당일 취소	– 총요금의 90% 공제후 환급	
② 사업자의 책임있는 사유로 인한 계약해제		
– 사용예정일 10일 전까지 취소	– 계약금 환급	
– 사용예정일 7일 전까지 취소	– 계약금 환급 및 총요금의 20% 배상	
– 사용예정일 5일 전까지 취소	– 계약금 환급 및 총요금의 40% 배상	
– 사용예정일 3일 전까지 취소	– 계약금 환급 및 총요금의 60% 배상	
– 사용예정일 1일 전까지 또는 사용예정일 당일 취소	– 손해배상	
3) 비수기 주중		
① 소비자의 귀책사유로 인한 계약해제		
– 사용예정일 2일 전까지 취소	– 계약금 환급	
– 사용예정일 1일 전까지 취소	– 총요금의 10% 공제 후 환급	
– 사용예정일 당일 취소 또는 연락 없이 불참	– 총요금의 20% 공제 후 환급	
② 사업자의 귀책사유로 인한 계약해제		
– 사용예정일 2일 전까지 취소	– 계약금 환급	
– 사용예정일 1일 전까지 취소	– 계약금 환급 및 총요금의 10% 배상	
– 사용예정일 당일 취소	– 계약금 환급 및 총요금의 20% 배상	

숙박업		
분쟁유형	해결기준	비고
4) 비수기 주말 ① 소비자의 책임 있는 사유로 인한 계약해제 – 사용예정일 2일 전까지 취소 – 사용예정일 1일 전까지 취소 – 사용예정일 당일 취소 또는 연락 없이 불참 ② 사업자의 책임 있는 사유로 인한 계약해제 – 사용예정일 2일 전까지 취소 – 사용예정일 1일 전까지 취소 – 사용예정일 당일 취소	 – 계약금 환급 – 총요금의 20% 공제 후 환급 – 총요금의 30% 공제 후 환급 – 계약금 환급 – 계약금 환급 및 총요금의 20% 배상 – 계약금 환급 및 총요금의 30% 배상	

23. 식료품(19개 업종)

청량음료, 과자류, 빙과류, 낙농제품류, 통조림류, 제빵류, 설탕 · 제분류, 식용유류, 고기가공식품류, 조미료, 장류, 다류, 면류, 자양식품, 주류, 도시락, 찬류, 냉동식품류, 먹는샘물		
분쟁유형	해결기준	비고
1) 함량, 용량부족 2) 부패, 변질 3) 유통기간 경과 4) 이물혼입 5) 부작용 6) 용기파손 등으로 인한 상해 사고	– 제품교환 또는 구입가 환급 – 치료비, 경비 및 일실소득 배상	 – 일실소득:피해로 인하여 소득상실이 발생한 것이 입증된 때에 한하며, 금액을 입증할 수 없는 경우에는 시중노임단가를 기준으로 함

24. 신용카드업(1개 업종)

신용카드업(1–1)		
분쟁유형	해결기준	비고
1) 분실 · 도난신고를 통지한 날로부터 60일 전 이후에 제3자가 부정사용한 경우	– 전액보상	– 소비자에게 귀책사유가 있는 경우(신용카드회원 약관에 규정)는 과실상계 가능
2) 발급카드 수령 전 제3자에게 전달되어 부정사용된 경우	– 전액보상	– 다만, 다음 각호의 경우에는 과실상계 가능 1. 회원이 카드미수령에 따른 사고 발생 사실 (타인수령 등)을 인지하였으나, 카드사에 신고를 지연함으로써 부정사용 대금이 발생한경우

신용카드업(1-1)		
분쟁유형	해결기준	비고
3) 명의도용에 따른 신용카드 부정발급, 카드의 위 · 변조에 의해 제3자가 부정사용한 경우 4) 가맹점 수수료가 회원에게 전가된 경우 5) 비밀번호 유출이 된 경우 ① 분실 또는 도난 시 저항할 수 없는 폭력이나 자기 또는 친족의 생명 · 신체에 대한 위해로 비밀번호를 누설한 경우 ② 카드 위변조로 비밀번호가 유출되어 사용된 경우 6) 부당한 금융채무불이행자 등재	- 명의인의 카드대금 채무무효 - 신용카드 가맹점에서 수수료 환급 - 전액보상 - 전액보상 - 금융채무불이행 기록삭제 및 손해배상	- 피해유형3)의 경우 소비자의 고의 또는 중대한 과실이 있는 경우는 미보상

신용카드업(1-2)		
분쟁유형	해결기준	비고
6) 다음의 사유로 인하여 카드사에 항변권을 행사하였으나 거절하는 경우 ① 할부계약이 성립되지 않았거나 무효인 경우 ② 착오, 사기, 강박, 법정대리인의 동의 없는 미성년자 계약 등으로 할부거래계약을 취소한 경우. ③ 상품에 결함이 있거나, 카다로그 및 견본과 분명한 차이가 있는 경우로서 가맹점의 하자담보책임을 이행토록 청구했으나 이를 이행하지 않는 경우 ④ 계속적거래계약에서 가맹점의 귀책사유로 인해 계약해지를 요청하였으나 이를 거부하는 경우 ⑤ 물품 또는 용역의 전부 또는 일부가 회원에게 인도 또는 제공되지 아니한 경우 ⑥ 가맹점의 도산 등 기타 채무불이행으로 인하여 할부거래의 목적을 달성할 수 없는 경우	- 카드사에 할부금 지급거절 의사를 통지한 시점 이후에 도래하는 할부금에 대한 지급거절	- 지급거절은 할부가격 이 20만원 이상인 경우에 한하며, 할부기간 이내에 카드사에 당해 사유를 통지함

25. 애완동물판매업(1개 업종)

애완동물판매업 (개, 고양이에 한함)	
분쟁유형	**해결기준**
1) 구입 후 15일 이내 폐사시	– 동종의 애완동물로 교환 또는 구입가 환급(단, 소비자의 중대한 과실로 인하여 피해가 발생한 경우에는 배상을 요구할 수 없음)
2) 구입 후 15일 이내 질병 발생	– 판매업소(사업자)가 제반비용을 부담하여 회복시켜 소비자에게 인도..다만, 업소 책임하의 회복기간이 30일을 경과하거나, 판매업소 관리 중 폐사시에는 동종의 애완동물로 교환 또는 구입가 환급
3) 계약서 미교부시	– 계약해제(단, 구입 후 7일 이내)
– 판매업자는 애완동물을 판매할 때 다음의 사항이 기재된 계약서를 소비자에게 제공하여야 함. ① 분양업자의 성명과 주소 ② 애완동물의 출생일과 판매업자가 입수한 날 ③ 혈통, 성, 색상과 판매당시의 특징사항 ④ 면역 및 기생충 접종기록 ⑤ 수의사의 치료기록 및 약물투여기록 등 ⑥ 판매당시의 건강상태 ⑦ 구입시 구입금액과 구입날짜	

26. 어학연수관련업(2개 업종)

해외어학연수수속대행업		
분쟁유형	**해결기준**	**비고**
1) 사업자 귀책사유로 인한 계약해제		– 해당학교의 환불규정을 우선 적용하고, 해당 학교의 특별한 환불규정 이 없을 때에는 동 규정을 적용한다.
– 계약서작성후 해지요청시	– 대행수수료 환급 및 대행수수료의 10% 보상	
– 대행업무가 이루어지지 않거나 출국예정일이 3개월 이상 지연	– 대행수수료 환급 및 대행수수료의 30% 보상	
2) 소비자귀책사유로 인한 계약해제 및 해지		
– 계약서 작성 후 해지 요청시	– 대행수수료의 10% 공제 후 환급	
– 서류번역, 입학신청서 작성 후 해지 요청시	– 대행수수료의 30% 공제 후 환급	
– 어학원 신청서 발송 후 해지요청시	– 대행수수료의 50% 공제 후 환급	
– 입학허가 받은 후 해지요청시	– 대행수수료의 70% 공제 후 환급	
– 비자발급 완료 후 해지요청시	– 대행수수료의 90% 공제 후 환급	

국내어학연수업(어학연수수속 대행업 포함)		
분쟁유형	**해결기준**	**비고**
1) 사업자의 귀책사유로 인한 계약해제		
①개시 전		
– 개시 10일 전까지 통보시	– 기납입액환급 및 계약금에 해당하는 금액 배상	– 계약금이 총 비용의 10%를 초과하는 경우에는 총 비용의 10%를 위약금으로 한다.
– 개시 1일 전까지 통보시	– 기납입액 환급 및 총비용의 20% 배상	
– 개시당일 통보시	– 기납입액 환급 및 총비용의 30% 배상	
②개시 후 계약해제	– 기납입액환급 및 총비용의 1/3에 해당하는 금액 배상	
2) 소비자의 귀책사유로 인한 계약해제		
①개시 전		
– 개시 10일 전까지 통보시	– 계약금을 위약금으로 한다.	– 계약금이라 함은 "접수비" 행정정수속비" 그 용어와 상관없이 계약체결시 지불하는 소정의 비용을 의미한다.
– 개시 1일 전까지 통보시	– 총 비용의 20%공제 후 환급	
– 개시당일 통보시	– 총 비용의 30%공제 후 환급	
②개시 후		
– 총 캠프기간의 1/3경과 전	– 총 비용의 2/3에 해당하는 금액 환급	
– 총 캠프기간의 1/2경과 전	– 총 비용의 1/2에 해당하는 금액 환급	
– 총 캠프기간의 1/2경과 후	– 미환급	

27. 여행업(2개 업종)

국내여행(1–1)		
분쟁유형	**해결기준**	**비고**
1) 여행취소로 인한 피해		– 국내여행 표준약관과 동일하게 규정
– 여행사의 귀책사유로 여행사가 취소		
〈당일여행인 경우〉		
• 여행개시 3일전까지 통보시	– 계약금 환급	
• 여행개시 2일전까지 통보시	– 계약금환급 및 요금의 10% 배상	
• 여행개시 1일전까지 통보시	– 계약금환급 및 요금의 20% 배상	
• 여행당일 통보 및 통보가 없는 경우	– 계약금환급 및 요금의 30% 배상	
〈숙박여행인 경우〉		
• 여행개시 5일전까지 통보시	– 계약금 환급	
• 여행개시 2일전까지 통보시	– 계약금환급 및 요금의 10% 배상	
• 여행개시 1일전까지 통보시	– 계약금환급 및 요금의 20% 배상	
• 여행당일 통보 및 통보가 없는 경우	– 계약금환급 및 요금의 30% 배상	

국내여행(1-2)		
분쟁유형	해결기준	비고
- 여행자의 귀책사유로 여행자가 취소 〈당일여행인 경우〉 • 여행개시 3일전까지 통보시 • 여행개시 2일전까지 통보시 • 여행개시 1일전까지 통보시 • 여행개시 당일 취소하거나 연락 없이 불참할 경우 〈숙박여행인 경우〉 • 여행개시 5일전까지 통보시 • 여행개시 2일전까지 통보시 • 여행개시 1일전까지 통보시 • 여행개시 당일 취소하거나 연락 없이 불참할 경우	 -전액 환급 - 요금의 10% 배상 - 요금의 20% 배상 - 요금의 30% 배상 - 전액 환급 - 요금의 10% 배상 - 요금의 20% 배상 - 요금의 30% 배상	

국내여행(1-3)		
분쟁유형	해결기준	비고
- 여행사의 계약조건 위반으로 여행자가 여행계약을 해지하는 경우(여행 전) 〈당일여행인 경우〉 • 여행개시 3일전까지 계약조건 변경 통보시 • 여행개시 2일전까지 계약조건 변경 통보시 • 여행개시 1일전까지 계약조건 변경 통보시 • 여행개시 계약조건 변경통보 또는 통보가 없을시 〈숙박여행인 경우〉 • 여행개시 5일전까지 계약조건 변경 통보시 • 여행개시 2일전까지 계약조건 변경 통보시 • 여행개시 1일전까지 계약조건 변경 통보시 • 여행당일 계약조건 변경통보 또는 통보가 없을시	 - 계약금 환급 - 계약금 환급 및 요금의 10% 배상 - 계약금 환급 및 요금의 20% 배상 - 계약금 환급 및 요금의 30% 배상 - 계약금 환급 - 계약금 환급 및 요금의 10% 배상 - 계약금 환급 및 요금의 20% 배상 - 계약금 환급 및 요금의 30% 배상	
- 여행참가자 수의 미달로 여행사가 여행을 취소하는 경우(사전 통지기일 미준수)	- 계약금환급및계약금의 100% (위약금) 배상	
2) 여행사의 계약조건 위반으로 인한 피해(여행 후)	- 여행자가 입은 손해배상	
3) 여행사 또는 여행종사자의 고의 또는 과실로 인한 여행자의 피해	- 여행자가 입은 손해배상	- 운송수단의 고장, 교통사고 등 운수업체의 고의 · 과실에 의한 경우도 포함
4) 여행중 위탁수하물의 분실, 도난, 기타사고로 인한 피해	- 여행자가 입은 손해배상	
5) 여행사의 고의 · 과실로 인해 여행일정의 지연 또는 운송 미완수	- 여행자가 입은 손해배상	

국외여행(1-1)	
분쟁유형	**해결기준**
1) 여행취소로 인한 피해	
– 여행사의 귀책사유로 여행사가 취소하는 경우	
• 여행개시 20일전까지(~20) 통보시	– 여행자가 입은 손해배상
• 여행개시 10일전까지(19~10) 통보시	– 여행요금의 10% 배상
• 여행개시8일전까지(9~ 8) 통보시	– 여행요금의 15% 배상
• 여행개시1일전까지(7~ 1) 통보시	– 여행요금의 20% 배상
• 여행 당일 통보시	– 여행요금의 30% 배상
– 여행자의 여행계약 해제 요청이 있는 경우	– 여행요금의 50% 배상
• 여행개시 20일전까지(~20) 통보시	– 여행요금의 10% 배상
• 여행개시 10일전까지(19~10) 통보시	– 여행요금의 15% 배상
• 여행개시8일전까지(9~ 8) 통보시	– 여행요금의 20% 배상
• 여행개시1일전까지(7~ 1) 통보시	– 여행요금의 30% 배상
• 여행 당일 통보시	– 여행요금의 50% 배상
– 여행참가자 수의 미달로 여행개시 7일전까지 여행계약 해제 통지시	– 계약금 환급
– 여행참가자 수의 미달로 인한 여행 개시 7일전 까지 통지기일 미준수	
• 여행개시 1일전까지 통지시	– 여행요금의 30% 배상
• 여행출발 당일 통지시	– 여행요금의 50% 배상

국외여행(1-2)	
분쟁유형	**해결기준**
2) 여행사의 계약조건 위반으로 인한 피해(여행 후)	– 신체 손상이 없을 때 최대 여행 대금 범위 내에서 배상 – 신체손상시 위자료, 치료비, 휴업손해 등 배상
3) 여행계약의 이행에 있어 여행종사자의 고의 또는 과실로 여행자에게 손해를 끼쳤을 경우	– 여행자가 입은 손해배상

28. 예식업(1개 업종)

예식업		
분쟁유형	**해결기준**	**비고**
1) 사업자의 귀책사유로 인한 계약해제		– 주요사진이라함은 주례사진, 신랑 · 신부, 양인사진, 신부독사진, 양가부모사진, 가족사진, 친구사진을 의미함
– 예식일로부터 2개월전 이전에 계약을 해제한 경우	– 계약금 환급 및 계약금의 100% 배상	
– 예식일로부터 2개월전 이후에 계약을 해제한 경우	– 예식비용 배상	
2) 소비자의 귀책사유로 인한 계약해제		
– 예식일로부터 2개월전 이전에 계약을 해제한 경우	– 계약금 환급	
– 예식일로부터 2개월전 이후에 계약을 해제한 경우	– 계약금을 위약금으로 함	
3) 부대품 및 부대시설 미사용으로 인한 부당대우	– 예식비용금액 환급	

예식업		
분쟁유형	해결기준	비고
4) 사업자의 고의 · 과실로 부대품 및 부대시설 미이용 5) 예식사진 관련 피해 – 이용자의 동의 없이 촬영된 사진 – 촬영 의뢰한 사진의 멸실 또는 상태 불량	– 이용요금의 배액 배상 – 사진금액 환급 – 다음 각호에 따라 손해배상	
1. 소비자가 주요사진의 전부 또는 일부의 재촬영을 원하는 경우에는 사업자 자신의 비용부담으로 재촬영하되 전부를 재촬영하는 경우에는 이에 추가하여 촬영요금(이하 계약에서 정한 촬영요금)을 소비자에게 지급하며, 주요 사진의 일부만을 재촬영하는 경우에는 촬영요금의 배액을 지급 2. 소비자가 주요사진의 재촬영을 원하지 않는 경우에는 사업자는 촬영요금의 3배액을 소비자에게 지급		

29. 온라인게임서비스업(1개 업종)

온라인게임업 (1–1)		
분쟁유형	해결기준	비고
1) 법정대리인의 동의 없는 미성년자 계약 2) 서비스의 중지 · 장애 ① 사전고지 하지 않은 경우 – 3일 이상 서비스가 중지되거나 장애가 발생한 경우 또는 1개월 동안의 서비스 중지 · 장애발생 누적시간이 72시간을 초과한 경우 – 1일간 누적 4시간 이상 서비스 중지 또는 장애로 인한 피해 ② 사전고지 한 경우 – 서버점검 등의 사유로 서비스중지 · 장애를 사전에 고지하였으나 서비스중지 · 장애 시간이 10시간을 초과하는 경우	– 계약취소 – 계약해지 및 잔여기간에 대한 이용료 환급. 단 간제서비스에 한함(월정액제 및 기간제아이템 포함) – 서비스 중지 · 장애시간의 3배를 무료로 연장 – 초과된 시간만큼 이용기간을 무료로 연장	– 서비스 중지 · 장애시간은 소비자가 회사에 통지한 후부터 계산하되, 소비자에게 유리한 다른 증거가 있는 경우에는 이를 기준으로 한다. 단 서비스가 불가항력(천재지변 등)이나 소비자과실로 인하여 중지되거나 장애가 발생한 경우에는, 서비스 중지 · 장애시간 계산에서 제외한다. – 사전고지라 함은 서비스 중지, 장애 24시간이전에 고지된 것을 의미한다.

온라인게임업 (1–2)		
분쟁유형	해결기준	비고
3) 사업자가 판매하는 유료 아이템을 소비자가 구입 후 7일 이내에 청약철회를 요구하는 경우 4) 계속적인 이용 관계의 거절	– 유료 아이템 구입가 환급 – 이용거절 해소 단, 유료 서비스의 경우 정지된 시간만큼 이용시간을 무료로 연장	– 온라인 콘텐츠 산업 발전법에 따라 청약철회가 불가능한 상품임을 사전에 고지한 경우는 제외

30. 운수업(9개 업종)

전세버스, 특수여객자동차	
분쟁유형	**해결기준**
1) 사업자의 귀책사유로 인한 운송 불이행 – 계약후 운송취소(출발 전) – 운송도중 버스고장, 교통사고 및 기타 사유로 인하여 운송 미완수 2) 계약과 상이한 운송(출발후) 3) 운송종사자의 고의 또는 과실로 인한 여행자의 재산상, 신체상 피해	 – 계약금 환급 및 운임의 50% (위약금) 배상 – 운임환급 및 여객이 입은 손해배상 – 여객이 입은 손해배상 – 여객이 입은 손해배상

일반화물, 개별화물, 용달화물		
분쟁유형	**해결기준**	**비고**
1) 운송 중 발생한 도난, 파손, 감량, 유출로 인한 사고 피해 2) 운송지연으로 인한 부패 · 변질사고 및 연착사고 피해 3) 화기, 인화물질 및 약품 등으로 인한 피해 4) 소비자와 협의된 금액을 초과한 금액 징수	– 운임환급(선불시) 및 손해배상 – 운임환급(선불시) 및 손해배상 – 운임환급(선불시) 및 손해배상 – 차액 환급	– 다만, 소비자 귀책사유로 인한 손해나 천재지변 등 불가항력에 의한 경우에는 적용치 아니함 – 농 · 수 · 축산물의 피해(분실, 훼손, 감량 등)에 대한 보상금액산정은 화물운송장상의 도착지 인도일을 기준으로 현 시세를 적용함.

시외버스 (1-1)		
분쟁유형	**해결기준**	**비고**
1) 위탁 수하물의 분실 2) 사업자의 사정으로 인한 운송 불이행 – 운행취소 – 조기출발로 인한 미승차 – 운송도중 고장, 교통사고 및 기타 사유로 인하여 운송 미완수 3) 사업자의 사정으로 인한 운송 지연 – 정상소요시간의 50% 이상 지연 – 정상소요시간의 100% 이상 지연	– 여객이 입은 손해배상 – 운임환급 및 운임의 10% 배상 – 운임환급 및 운임의 10% 배상 – 여행불원시 : 잔여구간 운임환급 및 잔여구간 운임액의 20% 환급 – 여행계속시 : 대체차편 제공 및 잔여구간운임의 20% 환급 – 운임의 10% 배상 – 운임의 20% 배상	– 고속버스 등 운송약관을 참고하여 규정

시외버스 (1-2)		
분쟁유형	해결기준	비고
4) 운송종사자의 고의 또는 과실로 인한 신체상, 재산상 피해	– 여객이 입은 손해배상	
5) 여객이 승차권 반환시(여행보류시) – 출발 전 – 출발 후 2일까지 – 출발 후 3일 경과 후	 – 운임의 10% 공제 후 환급 – 운임의 20% 공제 후 환급 단, 주말, 연휴, 명절의 경우 출발 후 운임의 50% 공제 후 환급 – 무효	

철도(여객)(1-1)	
분쟁유형	해결기준
1) 열차운행 중지 – 법령, 정부기관의 명령 · 전쟁 · 소요 · 천재지변 등의 불가항력적인 사유 – 열차고장, 선로고장, 파업, 노사분규 등 철도공사의 책임사유	 – 승차하지 않은 구간의 운임 · 요금 환불 – 승차권에 표시 된 영수금액환불

2) 열차 지연
– 환불금액

<table>
<tr><th>종별 / 지연 시간</th><th>KTX</th><th>일반 열차</th></tr>
<tr><td>20분 이상
40분 미만</td><td>12.5%</td><td></td></tr>
<tr><td>40분 이상
60분 미만</td><td>25%</td><td rowspan="2">12.5%</td></tr>
<tr><td>60분 이상
80분 미만</td><td rowspan="3">50%</td></tr>
<tr><td>80분 이상
120분 미만</td><td>25%</td></tr>
<tr><td>120분 이상</td><td>50%</td></tr>
</table>

– 승차일로부터 1년 이내에 환불
– 승차하지 않은 구간이 철도공사가 정한 최저 운임 · 요금구간인 경우에는 최저운임 · 요금(단, 운임을 할인한 경우에는 동일 할인율로 계산한 최저운임요금)환불
– 열차지연시 일반승차권은 표시된 운임(운임을 할인한 경우에는 할인금액을 공제한 운임)을 기준으로 하고, 정기승차권은 1회 운임을 기준으로 환불하며 요금은 제외

철도(여객)(1-2)		
분쟁유형	해결기준	비고
3) 승차권 반환 ① 출발1일전부터 출발시각 1시간이전까지 자가발권 승차권을 인터넷으로 반환하는 경우 ② 역에서 반환하는 경우 - 출발 2일 이전까지 - 출발 1일 전부터 출발시각 이전까지 - 출발시각 경과 후	- 최저수수료 공제 후 환불 - 최저수수료 공제 후 환불 - 영수액의 10% 공제 후 환불 - 영수액에서 승차권에 표시된 열차가 도착할 다음 정차역까지의 운임요금을 공제 후 환불(단, 운임요금이 영수액의 10%보다 적은 경우 영수액의 10% 공제후 환불)	- 최저수수료는 여객운송약관 별표에 정한 금액으로 한다. - 철도공사가 정하여 게시한 열차운행시각표 및 반환청구시각기준

철도(화물)	
분쟁유형	해결기준
- 화물의 멸실 또는 훼손	- 손해액 배상

항공(국내여객)(1-1)		
분쟁유형	해결기준	비고
1) 위탁수하물의 분실 · 파손	- 손해배상 (항공운송약관에 의거 배상)	- 수하물가격신고 후 종가 요금을 지불한 경우 신고 가격으로 배상
2) 사업자의 고의 · 과실로 인한 운송 불이행. 단, 기상상태, 공항사정, 항공기 접속관계, 안전운항을 위한 예견하지 못한 정비 등 불가항력적인 사유로 인한 경우는 제외	- 체재필요시적정숙식비 등 경비부담	
① 대체편이 제공된 경우 - 3시간 이내 대체편 제공시 - 3시간 이후 대체편 제공시	- 불이행된 해당구간 운임의 20% 배상 - 불이행된 해당구간 운임의 30% 배상	- 확약된 항공편의 운항취소, 확약된 예약을 예약자 또는 탑승자의 확인을 거치지 않고 예약취소, 초과예약, 확약된 항공권 소유자의 예약기록 미비
② 대체편을 제공하지 못한 경우	- 불이행된 해당구간 운임환급 및 해당구간 항공권 또는 교환권 제공	- 대체편은 12시간 이내 제공된 경우를 말함.(타항공사 포함)

항공(국내여객)(1-1)		
분쟁유형	해결기준	비고
3) 사업자의 고의 · 과실로 인한 운송지연. 단, 기상상태, 공항사정, 항공기 접속관계, 안전운항을 위한 예견하지 못한 정비 등 불가항력적인 사유로 인한 경우는 제외 ① 2시간 이상~3시간 이내 운송지연 ② 3시간 이상 운송지연	- 체제필요시 적정숙식비 등 경비 부담 - 지연된 해당구간 운임의 20% 배상 - 지연된 해당구간 운임의 30% 배상	
4) 항공권 미사용시 환급 조건 여객사정으로 항공권 유효기간 만료 전 (또는 약관에서 별도로 정한 기간 이내) 환급 요구시 - 항공권 전부 미사용시 - 항공권 일부 사용시 5) 항공권 분실시 환급조건 ① 대체항공권을 구입하지 않은 경우 - 전부 미사용 분실항공권 - 일부사용 분실항공권 ② 대체항공권을 구입한 경우	- 지불운임 전액 환급 - 탑승구간 적용운임 공제 후 환급 - 지불운임 전액 환급 - 탑승구간 적용운임 공제 후 환급 - 대체항공권 구입금액 환급	- 취소시한 이내에 예약 취소하지 않은 경우 취소수수료 공제, 적용 서비스 요금 및 통신비 소요시 통신비를 운임에서 공제 - 분실항공권환급은 항공운송약관에서 정한 기간이내에 분실신고 및 본인 또는 타인에 의해 미사용 또는 미환급 확인 및 추후 이중사용 발생시 배상 동의 후 환급함. - 분실항공권과 동일한 항공사 및 동일구간 이용 조건

항공(국내여객)(1-2)		
분쟁유형	해결기준	비고
4) 항공권 미사용시 환급 조건 여객사정으로 항공권 유효기간 만료 전 (또는 약관에서 별도로 정한 기간 이내) 환급 요구시 - 항공권 전부 미사용시 - 항공권 일부 사용시	- 지불운임 전액 환급 - 탑승구간 적용운임 공제 후 환급	- 취소시한 이내에 예약취소하지 않은 경우 취소수수료 공제, 적용 서비스요금 및 통신비 소요시 통신비를 운임에서 공제
5) 항공권 분실시 환급조건 ① 대체항공권을 구입하지 않은 경우 - 전부 미사용 분실항공권 - 일부사용 분실항공권 ② 대체항공권을 구입한 경우	- 지불운임 전액 환급 - 탑승구간 적용운임 공제 후 환급 - 대체항공권 구입금액 환급	- 분실항공권 환급은 항공운송약관에서 정한 기간 이내에 분실신고 및 본인 또는 타인에 의해 미사용 또는 미환급 확인 및 추후 이중사용 발생시 배상 동의 후 환급함 - 분실항공권과 동일한 항공사 및 동일구간 이용조건

항공(국제여객) (2-1)		
분쟁유형	**해결기준**	**비고**
1) 위탁수하물의 분실, 파손 등 사고	- 손해배상 (항공운송약관에 의거 배상)	- 수하물가격 신고 후 종가요금을 지불한 경우 신고가격으로 배상
2) 항공권 미사용시 환급조건 여객사정으로 항공권 유효기간 만료 전(또는 약관에서 별도로 정한 기간 이내) 환급 요구시 - 항공권 전부 미사용시	- 항공권 구입금액에서 적용서비스 요금 및 통신비를 공제한 차액환급	- 취소시한 이내에예약취소하지 않은 경우 취소 수수료 공제, 적용서비스 요금 및 통신비 소요시 통신비를 운임에서 공제
- 항공권 일부 미사용시	- 항공권 구입금액에서 사용구간 적용운임, 적용서비스 요금 및 통신비를 공제한 차액환급	
3) 항공권 분실시의 환급조건 ① 대체항공권을 구입하지 않은 경우 - 전부 미사용 분실항공권 - 일부사용 분실항공권	- 지불운임 전액 환급 - 탑승구간 적용운임 공제 후 환급	- 분실항공권 환급은 항공운임약관에서 정한 기간 이내에 분실신고 및 본인 또는 타인에 의해 미사용 또는 미환급 확인 및 추후 이중사용 발생시 배상동의 후 환급함.
② 대체항공권(동일구간)을 구입한 경우 ③ 분실항공권 재발행	- 대체항공권 구입금액 환급 - 탑승구간을 제외한 미사용구간 항공권 발행	

항공(국제여객)(2-2)		
분쟁유형	**해결기준**	**비고**
4) 사업자의 고의, 과실로 인한 운송의 불이행 (확약된 항공편의 취소, 확약된 예약의취소, OVERBOOKING, NO-RECORD). 단,기상상태, 공항사정, 항공기 접속관계, 안전운항을 위한 예견하지 못한 정비 등 불가항력적인 사유로 인한 경우는 제외	- 체재필요시 적정숙식비 등 경비부담	- 분실항공권과 동일한 항공사, 구간 및 등급 이용 조건 - 본인 또는 타인에 의해 이중사용 발생시 배상동의 및 적용서비스요금 (재발행수수료) 여객부담조건 - 목적지 도착 기준 - 각 항공사에서 정하고 있는 탑승수속 마감시간 이후 도착자는 제외 - 보상기준 금액은 최고한도임. - 운항시간 4시간을 운항 거리 3,500㎞와 동일하게 적용
① 대체편이 제공된 경우 - 운항시간 4시간 이내 • 4시간 이내 대체편 제공시 • 4시간 초과 대체편 제공시	 - USD 100 배상 - USD 200 배상	
- 운항시간 4시간 초과 • 4시간 이내 대체편 제공시 • 4시간 초과 대체편 제공시	 - USD 200 배상 - USD 400 배상	
② 대체편을 제공하지 못한 경우	- 불이행된 해당구간 운임 환급 및 USD 400 배상	

항공(국제여객)(2-2)		
분쟁유형	해결기준	비고
③ 대체편 제공을 여객이 거부한 경우 5) 사업자의 고의, 과실로 인한 운송지연. 단, 기상상태, 공항사정, 항공기접속관계, 안전운항을 위한 예견하지 못한 정비 등 불가항력적인 사유로 인한 경우는 제외 ① 2시간 이상~4시간 이내 운송지연 ② 4시간 이상 운송지연	– 불이행된 해당구간 운임 운임 환급 및 ①의 규정에 준하여 최초 대체편 제공가능시기를 산정하여 배상 – 체재필요시 적정숙식비 등 경비부담 – 지연된 해당구간 운임의 10% 배상 – 지연된 해당구간 운임의 20% 배상	– 목적지 도착기준

선박(국내여객)(3-1)		
분쟁유형	해결기준	비고
1) 위탁수하물의 분실	– 여객이 입은 손해배상 (여객운송약관에 의거 배상)	
2) 사업자의 고의 · 과실로 인한 운송 불이행 – 운항취소 – 운송도중 고의, 사고, 기타 사유로 운송 미완수 • 타선박이용 목적항까지 운송 • 회항시 • 여행불원시	– 운임환급 및 운임의 10% 배상 – 미환급(지연료 지불 별도) – 전구간 운임 환급 및 전구간 운임의 20% 배상 – 잔여구간 운임환급 및 잔여 구간 운임의 20% 배상	– 단, 기상상태, 항로상태, 안전운항관계 등 불가항력적인 사유로 인한 경우는 제외
3)사업자의 고의 · 과실로 인한 운송지연		– 단, 기상상태, 항로상태, 안전운항관계 등 불가항력적인 사유로 인한 경우 및 1시간 이내 항로의 경우는 제외

선박(국내여객)(3-2)		
분쟁유형	해결기준	비고
– 정상 소요시간의 50% 이상 지연시(고속, 쾌속선) * 할증운임 기준 • 고속선(15 ~ 20노트미만) : 기본운임의 15% 할증 • 쾌속선(20 ~ 35노트미만) : 기본운임의 50% 할증 • 쾌속선(35노트 이상) :기본운임의 90% 할증	– 할증운임 전액 환급	
4) 운송인의 고의 ; 과실로 인한 신체상, 재산상 피해	– 여객이 입은 손해배상	– 피해에 대한 입증책임은 여객이 짐

31. 어학수속대행업(1개 업종)

유학수송대행업	
분쟁유형	**해결기준**
1) 사업자의 귀책사유로 인한 계약해제	– 대행료 전액 환급 및 손해배상
2) 소비자의 귀책사유로 인한 계약해제 및 해지	
– 학교선정 사실의 통지 전	– 대행료의 20% 공제 후 환급
– 학교선정 사실 통지 후 입학관련 서류 발송 전	– 대행료의 50% 공제 후 환급
– 입학관련 서류를 발송한 경우	– 대행료의 80% 공제 후 환급
– 1개교 이상 입학허가서를 수령한 경우	– 대행료의 90% 공제 후 환급
– 출국수속이 이루어진 경우	– 대행료의 100% 공제

32. 외식서비스업(1개 업종)

외식서비스업	
분쟁유형	**해결기준**
1) 사업자의 사정으로 인한 계약해제	
– 사용예정일로부터 2개월전 이전에 계약을 해제한 경우	– 계약금 환급
– 사용예정일로부터 2개월전 이후에 계약을 해제한 경우	– 계약금 및 총 이용금액의 10%를 배상
2) 소비자의 사정으로 인한 계약해제	
– 사용예정일로부터 2개월전 이전에 계약을 해제한 경우	– 계약금 환급
– 사용예정일로부터 2개월전 이후에 계약을 해제한 경우	– 총 이용금액의 10%를 위약금으로 한다.
3) 부대품 및 부대시설	
– 사업자의 고의 · 과실로 부대품 및 부대시설 미이용	– 부대품 및 부대시설 이용요금의 배액 배상
– 부대품 및 부대시설 미사용으로 인한 부당대우	– 부대품 및 부대시설 이용요금의 배액 배상

33. 위성방송 및 유선방송업(2개 업종)

위성방송업, 유선방송업(1–1)		
분쟁유형	**해결기준**	**비고**
1) 사업자의 귀책사유로 인한 계약해지		
– 개시 이전	– 가입설치비 환급 및 1년간 월정요금 합계액의 10% 배상	* 가입후 3개월 이내 이전시에는 이전비 면제 * 계약기간에 대해서는 계약서에 명시하고 소비자에게 고지하여야 한다. * 수신료의 인상요인이 발생한 경우에는 소비자에게 고지하여야 한다.
– 개시 이후	– 해지일까지의 이용일수에 해당하는 금액공제 후 환급 및 1년간 월정요금합계액의 10% 배상(가입설치비가 있을 경우 면제)	
2) 소비자의 귀책사유로 인한 계약해지		
– 수신시설의 설치 전 해지	– 사업자는 납입된 시설설치비와 컨버터 보증금을 즉시 반환	
– 개시 이전	– 1년간 월정요금 합계액의 10% 공제 후 환급	
– 개시 이후	– 해지일까지의 이용일수에 해당하는 금액과 1년간 월정 요금 합계액의 10% 공제 후 환급(가입설치비가 있을 경우 배상)	

위성방송업, 유선방송업(1-2)		
분쟁유형	해결기준	비고
3) 1시간 이상의 서비스 장애가 월별 5회 이상 발생한 경우 또는 1개월 동안의 서비스 중지 · 장애발생 누적시간이 72시간을 초과할 경우 4) 서비스 장애로 인한 손해배상 5) 설치지연 6) 계약기간 이내에 서비스가 안되는 지역으로 이사할 경우 7) 계약기간이 합의 없이 자동연장된 경우 고객의 계약기간 만료 전 해지	– 위약금(가입시 면제한 설치비 및 할인 혜택포함) 없이 계약 해지 – 당월의 월요금을 일단위로 계산한 금액에 수신하지 못한 일수를 곱하여 산출된 금액을 당월 요금에서 감액. 연속 5일 이상 또는 월간 총 7일 이상 수신하지 못한 때는 당해 월 요금 면제 – 예약취소 – 위약금 없이 계약해지 – 위약금 없이 계약해지	* 이 경우 수신장애 발생시점은 수신자가 사업자에 신고하는 때를 기준으로 하되, 수신자에게 유리한 다른 증거가 있는 경우에는 이를 기준으로 한다. 단, 서비스가 불가항력(천재지변 등)이나 업체 의사 전고지(회선공사 등), 소비자의 고의 · 과실로 인하여 중지되거나 장애가 발생한 경우에는 서비스 중지 · 장애 시간 계산에서 제외한다. – 해당업체의 확인시 – 해외이주, 장기유학(1년 이상의 유학)의 경우도 관련 자료 제출시 위약금 없이 계약해지(단, 할인 혜택 금액은 반납)

34. 의약품 및 화학제품(10개 품종)

의약품, 의약외품		
분쟁유형	해결기준	비고
1) 이물혼입 2) 함량, 크기부적합 3) 변질, 부패 4) 유효기간 경과 5) 용량부족 6) 품질 · 성능 · 기능 불량 7) 용기 불량으로 인한 피해사고 8) 부작용 9)수량부족	– 제품교환 또는 구입가 환급 – 치료비, 경비 및 일실소득 배상 – 부족수량 지급	– 가축폐사의 경우 가축가격 보상 – 일실소득 : 피해로 인하여 소득상실이 발생한 것이 입증 된 때에 한하며, 금액을 입증할 수 없는 경우에는 시중 노임 단가 를 기준으로 함

화장품		
분쟁유형	해결기준	비고
1) 이물혼입 2) 함량부적합 3) 변질 · 부패 4) 유효기간 경과 5) 용량부족 6) 품질 · 성능 · 기능 불량 7) 용기 불량으로 인한 피해사고 8) 부작용	– 제품교환 또는 구입가 환급 – 치료비, 경비 및 일실소득 배상	– 치료비 지급 : 피부과 전문의의 진단 및 처방에 의한 질환 치료 목적의 경우로 한다. 단, 화장품과의 인과관계가 있어야 하며, 자의로 행한 성형 · 미용 관리 목적으로 인한 경우에는 지급하지 아니한다. – 일실소득 : 피해로 인하여 소득상실이 발생한 것이 입증된 때에 한하며, 금액을 입증할 수 없는 경우 시중 노임단가를 기준으로 함

의료기기	
분쟁유형	해결기준
1) 구입 후 1개월 이내에 정상적인 사용상태에서 발생한 성능 · 기능상의 하자로 수리를 요할 때	– 제품교환 또는 구입가 환급
2) 품질보증기간 이내에 정상적인 사용상태에서 발생한 성능 · 기능상의 하자	
– 하자 발생시	– 무상 수리
– 수리하였으나 고장이 재발(2회째)	– 제품교환 또는 구입가 환급
– 수리 불가능시	– 제품교환 또는 구입가 환급
– 교환 불가능시	– 구입가 환급
– 교환된 제품이 1개월 이내에 중요한 수리를 요할 때	– 구입가 환급
3) 부품보유기간 이내에 수리용 부품을 보유하고 있지 않아 발생한 피해	
– 품질보증기간 이내	
• 정상적인 상태에서 자연 발생한 성능 · 기능상의 하자로 인해 발생된 경우	– 제품교환 또는 구입가 환급
• 소비자의 고의 · 과실로 인한 고장인 경우	– 유상수리에 해당하는 금액 징수 후 제품교환
– 품질보증기간 경과 후	– 정액감가상각한 금액에 10%를 가산하여 환급(최고한도 : 구입가격)
4) 소비자가 수리의뢰한 제품을 사업자가 분실한 경우	
– 품질보증기간 이내	– 제품교환 또는 구입가 환급
– 품질보증기간 경과 후	– 정액감가상각한 금액에 10%를 가산하여 환급
5) 제품하자로 인한 상해사고	– 치료비, 경비 및 일실소득 배상

비누 및 합성세제	
분쟁유형	해결기준
1) 성분 · 함량부족	– 제품교환
2) 실량 미달	– 제품교환

플라스틱 제품	
분쟁유형	해결기준
1) 품질불량 2) 부작용 3) 시공상의 하자	– 제품교환 또는 구입가 환급 – 치료비, 경비 및 임금 배상 – 수리 또는 배상

비료	
분쟁유형	해결기준
1) 성분 이상 2) 용량 부족 3) 제품의 하자로 인한 작물 피해시 4) 부작용	– 제품교환 또는 구입가 환급 – 제품교환 또는 구입가 환급 – 경비 및 예상수익액 배상 – 치료비, 경비 및 임금배상

농약		
분쟁유형	해결기준	비고
1) 성분 이상 2) 용량 부족 3) 유효기간 경과 4) 제품의 하자로 인한 작물 피해시	– 제품교환 또는 구입가 환급 – 경비 및 예상수익액 배상	– 예상수익은 당해작물의 최근 3년간 평균수확량에 당해연도 농가수취가격을 곱한 금액으로 산출함.

고무장갑	
분쟁유형	해결기준
1) 물이 새어 들어오는 경우 2) 양념류나 기타 접촉물에 쉽게 착색되는 경우 3) 인체에 유해한 물질이 함유되어 있는 경우	– 제품교환 – 제품교환 – 제품교환

건전지	
분쟁유형	해결기준
1) 외관 불량2) 선이 절단된 경우 3) 치수 및 가격불량 4) 누액불량(제조상 하자에 의한 것)	– 제품교환 – 제품교환 및 사용제품 하자 발생 시 무상수리 또는 손해 배상

35. 의료업(3개 업종)

임플란트		
분쟁유형	**해결기준**	**비고**
1) 시술 후 1년까지	– 정기 검진 (환자의 비용 부담 없음)	다음과 같은 소비자의 사유에 대해서는 병원의 별도의 비용청구가 가능 ① 환자의 진료비 지급이 지체되어 치료가 중단된 경우 ② 환자가 정기검진을 2회 이상 어긴 경우 ③ 환자가 자신의 병력을 제대로 고지하지 않은 경우 ④ 환자가 다른 외상이나 질병에 의해 영향을 받은 경우 ⑤ 환자의 부주의에 의해 이식체, 나사 및 보철물의 탈락이 발생한 경우
2) 시술 1년 내탈락		
– 이식체 탈락	– 재시술(비용은 병원 부담), 2회반복시 치료비 전액 환급	
– 보철물 탈락	– 재장착(비용은 병원 부담)	
– 나사 파손	– 나사 교체(비용은 병원 부담), 3회반복시 환자는 타 의료기관을 선택할 수 있다. 이에 소요되는 치료비용은 당초 치료한 의료기관에서 부담한다.	

성형수술		
분쟁유형	**해결기준**	**비고**
1) 사업자의 책임있는 사유로 인한 계약해제		
– 수술예정일 3일전 이전까지의 해제	– 계약금 반환 및 계약금의 10% 배상	– 다만 계약금이 수술비용의 10%를 초과하 는 경우, 배상 및 환급의 기준은 수술비용 10%만을 기준으로 산정한다.
– 수술예정일 2일전 해제	– 계약금 반환 및 계약금의 50% 배상	
– 수술예정일 1일전 해제	– 계약금 반환 및 계약금의 80% 배상	
– 수술 당일 혹은 수술일자 경과 후 헤제	– 계약금 반환 및 계약금의 100% 배상	
2) 소비자의 책임있는 사유로 인한 계약해제		– 병원 또는 환자가 수술 예정일을 변경하는 경우는 계약해지 및 해제에 해당되지 않는다.
– 수술예정일 3일전 이전까지의 해제	– 계약금의 90% 환급	
– 수술예정일 2일전 해제	– 계약금의 50% 환급	
– 수술예정일 1일전 해제	– 계약금의 20% 환급	
– 수술 당일 혹은 수술일자 경과 후 해제	– 계약금 전액 미환급	

피부과 시술 및 치료(미용을 목적으로 한 치료로 제한)		
분쟁 유 형	해결기준	비고
1) 사업자의 책임있는 사유로 인한 계약해지 – 치료 개시 이전 – 치료 개시 이후	 – 계약금 반환 및 계약금의 10% 배상 – 해지일까지 치료횟수에 해당하는 금액 공제 후기 수납한 금액 환급 및 총 치료금액의 10% 배상	– 서비스 횟수로 계약한 경우 치료횟수에 해당하는 금액 공제 후 환급 – 다만 계약금이 시술 및 치료 비용의 10%를 초과하는 경우, 배상 및 환급기준 계약금은 시술 및 치료 비용의 10%를 기준으로 산정한다.
2) 소비자의 책임있는 사유로 인한 해지 – 치료 개시 이전 – 치료 개시 이후	 – 계약금의 10% 배상 – 해지일까지 치료횟수에 해당하는 금액과 총 치료 비용의 10% 배상	

36. 이동통신서비스업(1개 업종)

이동통신서비스업		
분쟁유형	해결기준	비고
1) 법정대리인의 동의 없는 미성년자 계약	– 계약취소	– 기 납부한 요금(가입비, 보증금 또는 보증보험료)을 환급하고 미납요금 및 잔여 위약금에 대한 청구 금지
2) 명의도용 계약으로 인한 피해	– 계약취소	
3) 주생활지(주민등록지, 요금 청구지, 직장 소재지)에서의 통화품질 불량 – 가입 14일 이내 – 가입 15일 이후 6개월 이내	 – 계약해제 – 계약해지 및 해지신청 직전 1개월 기본료 50% 감면	– 이동통신 서비스계약과 단말기 등의 판매계약이 결합된 경우에 단말기 및 주변기기 포함하여 반품 – 단, 손해가 천재지변 등 불가항력이나 소비자의 고의 또는 과실로 인하여 발생한 경우에는 배상에서 제외함
4) 6시간 이상 서비스 중지 또는 장애로 인한 피해	– 손해배상	
5) 신청하지 않은 부가서비스 요금 징수	– 환급	
6) 무료서비스 사용 후 소비자 동의 없이 유료서비스로 전환되어 발생한 피해	– 유료로 전환된 시점에서 부과된 요금 환불및 계약해지	– 서비스 중지 또는 장애시간은 소비자가 회사에 통지한 후부터 계산

37. 이민대행서비스(1개 업종)

이민 대행 서비스 (1-1)	
분쟁유형	**해결기준**
1) 소비자의 계약해지	
– 사업자 또는 현지 대행업체가 고의 또는 과실로 계약내용을 위반한 경우	– 사업자는 신청인에게 발생한 손해를 배상
– 소비자의 개인사정에 의해 해지하는 경우	– 소비자는 다음과 같이 비용을 부담한다.
① 계약서 작성 후 소비자가 이민 관련서류를 제출하기 전	– 국내수수료 30%와 대행수수료의 10% 중 적은 금액
② 소비자가 제출한 서류에 대한 번역서비스 완료 전	– 국내수수료 60%와 대행수수료의 20% 중 적은 금액
③ 번역서비스 완료 후 이민국 담당기관에 최종 서류 접수이전	– 국내수수료의 80% (다만 현지 대행업체가 실제 업무에 착수하였고, 이에 대한 대가로 국외수수료가 지급되었음을 사업자가 모두 입증한 때에는 입증된 국외수수료에 대한 반환의무 면제)와 기납부한 대행수수료의 80% 중 적은 금액
④ 이민국 담당기관에 이민비자 신청을 위한 최종 서류 접수 후	– 기납부한 대행수수료의 80%
⑤ 이민 허가 후	– 환급금 없음

이민 대행 서비스 (1-2)	
분쟁유형	**해결기준**
2) 사업자의 계약해지	– 사업자는 이미 수수한 비용을 소비자에게 전액 환급하고 다음의 위약금을 추가로 부담한다.
① 계약서 작성 후 소비자가 이민 관련서류를 제출 하기 전	– 국내수수료 30%와 대행수수료의 10% 중 적은 금액
② 신청인이 제출한 서류에 대한 번역서비스 완료 전	– 국내수수료의 60%와 대행수수료의 20% 중 적은 금액
– 비용을 사업자가 이미 수수한 경우에 사업자는 이미 수수한 비용에서 소비자부담 액을 공제한 나머지 금액을 소비자에게 환급 – 신청인은 사업자 또는 현지 대행업체가 고의 또는 과실로 계약내용을 위반한 경우 14일 이상의 기간을 부여하여 시정 조치를 요구하고, 사업자 또는 현지 대행업체가 적절한 조치를 취하지 아니한 때에는 계약을 해지할 수 있다. – 이민신청서 접수 후 다음 각호의 사유가 발생하는 경우 사업자는 소비자에게 계약해지 를 요구할 수 있다. 1. 사업자의 파산으로 더 이상 대행업무를 진행할 수 없는 경우 2. 현지 대행업체의 고의 또는 과실로인해 업무 진행이 상당히 지연되는 등의 사유로 정상적인 수속 진행이 어려운 경우 3. 소비자가 각종 서류 제출 및 수수료 납부를 이행하지 않아 상당한 기간(횟수)에 걸쳐 이행을 독촉하였음에도 불구하고, 소비자가 조치하지 않은 경우	

38. 이사화물취급사업(1개 업종)

이사화물자동차운송주선사업 및 화물자동차운송사업(1-1)	
분쟁유형	**해결기준**
1) 이사화물의 멸실 · 파손 · 훼손 등 피해	– 피해액은 사업자가 직접 배상하되 피해물품이 보험에 가입되어 보험금을 지급받는 경우에는 동 금액을 차감한 후 배상
2) 사업자의 귀책사유로 인한 운송계약의 해제	
① 약정된 운송일의 2일전까지 통보시	– 계약금 환급 및 계약금의 2배액 배상
② 약정된 운송일의 1일전에 통보시	– 계약금 환급 및 계약금의 4배액 배상
③ 약정된 운송일의 당일에 통보시	– 계약금 환급 및 계약금의 6배액 배상
④ 약정된 당일에 통보가 없는 경우	– 계약금 환급 및 계약금의 10배액 배상 또는 실손해액 배상
– 적용범위:화물자동차 운수사업법상 이사화물을 취급하는 사업에 적용함. – 계약금은 운임 등 합계액의 10%에 해당하는 금액으로 함. – 운임 등 수취 원칙 • 운임 등의 수수는 화물 의 수취 후 청구서에 기초하는 것을 원칙으로 함. • 수수하는 운임 등의 금액은 견적서를 상회하여 청구할 수 없는 것을 원칙으로 하되 견적액과 소요 운임 등의 금액과 차이가 발생하는 경우	

이사화물자동차운송주선사업 및 화물자동차운송사업(1-2)		
분쟁유형	**해결기준**	**비고**
3) 소비자의 귀책사유로 인한 운송계약의 취소		• 견적금액이 실제 소요 운임 등의 금액보다 적을 경우: 위탁자의 책임있는 사유에 의해 견적서산출에 변화가 생길 때 실제 소요된 운임으로 조정
① 약정운송일의 전까지 취소 통보시	– 계약금 배상	
② 약정운송일 당일에 취소 통보시	– 계약금 및 계약금의 1배액 배상	
4) 사업자의 귀책사유로 인한 운송의 지연		
① 약정된 인수일시로부터 2시간 이상 지연된 경우	– 계약해제, 계약금 반환 및 계약금의 2배액 배상	
5) 사업자의 부당한 운임청구 및 위탁자요구에 의한 추가작업 외 수고비 등 요구	– 부당요금반환 및 시정	
6) 소비자 귀책사유로 인한 운송지연		
① 약정된 인수일시로부터 2시간 미만 지연된 경우	– 약정된 인수일수로부터 지체된 1시간마다 배상액(지체시간수×계약금×1/2) 지급 * 계약금의 배약을 한도로 하며, 지체시간 수의 계산에서 1시간 미만의 시간은 산입하지 않음	
② 약정된 인수일시로부터 2시간 이상 지연된 경우	– 계약 해제 및 계약금의 배액배상	

39. 인터넷쇼핑몰업(1개 업종)

인터넷 쇼핑몰 업		
분쟁유형	해결기준	비고
1) 허위 · 과장광고에 의한 계약체결 2) 물품이나 용역의 미인도 3) 계약된 인도시기보다 지연인도 – 지연인도로 당해 물품이나 용역이 본래의 구매목적을 달성하지 못한 경우 – 기타(지연인도로 인한 불편야기 등) 4) 배송과정에서 훼손되거나 다른 물품 · 용역이 공급된 경우 5) 부당한 대금청구 6) 기타 사업자의 귀책사유로 인한 계약 미이행	– 계약해제 – 계약해제 및 손해배상 – 계약해제 및 손해배상 – 계약해제 또는 손해배상 – 제품교환 또는 구입가환급 – 청구취소 또는 부당대금 환급 – 계약이행 또는 계약해제 및 손해배상	– 계약해제의 경우, 소비자가 선급한 금액에 대한 환급은 해제일로부터 3일 이내에 실시

40. 인터넷콘텐츠업(1개 업종)

인터넷콘텐츠업(1–1)	
분쟁유형	해결기준
1) 법정대리인의 동의 없는 미성년자 계약 2) 허위, 과장광고에 의한 이용계약 3) 1개월 이상의 계속적 이용계약인 경우로서 소비자의 귀책사유로 인한 계약해지	– 계약취소 – 계약해제 및 이용료 전액환급 – 해지일까지의 이용일수(또는 실제이용한 부분)에 해당하는 금액과 총요금의 10% 공제 후 환급
정보통신기술 등을 활용하여 원격으로 교습하는 경우 적용 제외(학원 운영업 및 평생교육시설운영업 적용) – 기납부한 요금은 환급하고, 미납요금 및 위약금 청구행위 금지 – 이용료는 소비자가 지급한 모든 비용을 포함함(예 : 교재비 등 별도의 부대비용) – 단, 계약체결일 또는 서비스이용 가능일로부터 7일 이내에 해지를 요구하는 경우에는 위약금 없이 이용일수에 해당 하는 금액만 공제하고 환급 – 이용료는 소비자가 지급한 모든 비용을 포함함(예 : 교재비 등 별도의 부대비용)	

인터넷콘텐츠업(1–2)		
분쟁유형	해결기준	비고
4) 서비스의 중지 · 장애 ① 사전고지하지 않은 경우 – 3일 이상 서비스가 중지되거나 장애가 발생한 경우 또는 1개월 동안의 서비스 중지 · 장애발생 누적시간이 72시간을 초과한 경우 – 4시간 이상 서비스 중지 또는 장애로 인한 피해	 – 계약해지 및 잔여기간에 대한 이용료 환급 – 서비스 중지 · 장애시간의 3배를 무료로 연장	– 서비스 중지 · 장애시간은 소비자가 회사에 통지한 후부터 계산하되, 서비스가 불가항력(천재지변 등)이나 소비자과실로 인하여 중지되거나 장애가 발생한 경우에는, 서비스 중지 · 장애시간 계산에서 제외

인터넷콘텐츠업(1-2)		
분쟁유형	해결기준	비고
② 사전고지 한 경우 – 서버점검 등의 사유로 비스중지 · 장애를 사전에 고지하였으나 서비스중지 · 장애 시간이 10시간을 초과하는 경우 5) 실제 이용한 시간보다 초과하여 이용요금을 청구한 경우	– 초과된 시간만큼 이용기간을 무료로 연장 – 초과분 환급	– 사전고지라 함은 서비스 중지, 장애 24시간 이전에 고지된 것을 의미한다. – 초과사용분에 대해서는 사업자가 입증

인터넷콘텐츠업(1-3)
○ 인터넷교육서비스의 사은품 반환 – 소비자의 귀책사유로 인한 중도 해지시 • 사은품 미사용시 : 해당 사은품 반환 • 사은품을 사용시 : 해당 사은품과 동종의 상품으로 반환하거나 동종 상품의 시중가격 또는 계약서상에 기재된 해당 사은품의 가격에서 손율 등에 따른 금액을 지급하고 반환.(단, 단순포장개봉은 사은품 사용으로 보지 아니한다.) • 계약서상에 해당 사은품의 품목 또는 가격이 기재되어 있지 않은 경우: 현존상태로 반환 – 사업자의 귀책사유로 인한 계약해제 · 해지시: 사업자에게 사은품 반환하지 않음

41. 자동차견인업(1개 업종)

자 동 차견 인 업		
분쟁유형	해결기준	비고
1) 소비자와의 협의요금 초과징수 2) 소비자의 의사에 반한 정비업소로 견인 • 견인당시 소비자의사에 반하여 견인하거나 견인당시 소비자가 의사표시를 할 수 없는 상태에서 사회통념상 상당한 원거리 소재 정비공장으로 견인 3) 사업자의 고의 · 과실로 인한 차량 파손	– 차액 환급 – 고객이 원하는 정비업소로 견인하거나 추가견인료 배상 – 손해액 배상	 – 보상방법은 소비자가 선택

42. 자동차대여업(1개 업종)

자 동 차대 여 업	
분쟁유형	해결기준
1) 대여전 예약취소로 인한 피해 ① 소비자사정에 의한 대여예약 취소시 – 사용개시일시로부터 24시간 전 취소 통보시 – 사용개시일시로부터 24시간 이내 취소 통보시 ② 사업자의 사정에 의한 예약취소 또는 계약의 미체결	 – 예약금 전액 환급 – 예약금중대여예정요금의 10% 공제 후 환급 –예약금에대여예정요금의 10% 가산 후 환급

자동차대여업	
분쟁유형	해결기준
2) 대여개시일 당일(인도이전) 차량하자로 사용 불가능 - 동급의 대체차량 제공 가능시 - 동급의 대체차량 제공 불가능시	- 대체차량 제공 또는 기 지급한 대여요금 전액환급 - 기 지급한 대여요금 전액 및 총 대여예정요금의 10% 가산 후 환급
3) 대여기간 중 계약해지로 인한 피해	
① 소비자의 귀책사유로 인한 중도 해지시	- 잔여기간 대여요금의 10% 공제 후 환급
② 사업자의 귀책사유로 인한 중도 해지시	- 잔여기간 대여요금의 10% 가산 후 환급
③ 천재지변에 의한 사용불능	- 잔여기간 대여요금 환급

43. 자동차 운전학원(1개 업종)

자동차 운전학원 (1-1)		
분쟁유형	해결기준	비 고
1) 중도 계약해지		수강자가 교육 기간이 종료되기 이전에 운전면허 시험에합격한 경우에는 학원은미교육시간 수에 내한수강료 등의 환급의무 없음
① 사업자 사정으로인한 경우	-〔기납부 수강료의 전액 - (당해 교육과정의 시간당 수강료 × 당해 사유 발생시까지의 교육 시간수)〕× 2 배상	
② 소비자 사정으로 인한 경우	-〔기납부 수강료의 전액 - (당해 교육과정의 시간당 수강료 × 수강 포기 의사표시시까지의 교육시간수)〕× 50% 반환	
2) 교육의 예약을 위반시	- 손해배상액을 지급하고 보강	
① 학원의 귀책		
- 수강자와 사전 협의없이 예약시간을 지키지 않은 경우	- 당해 교육과정의 시간당 수강료 × 지키지 않은 교육시간수 배상	
- 수강자와 사전 협의를 거쳐 예약시간을 지키지 않은 경우	- (당해 교육과정의 시간당 수강료 × 불참한 교육시간수) × 20% 배상	

자동차 운전학원 (1-2)	
분쟁유형	해결기준
② 소비자 귀책	
- 예약시간 24시간 전에 불참을 통지한 경우	- 손해배상책임을 면함
- 예약시간 24시간 전 이후부터 예약시간 12시간 전까지의 사이에 불참을 통지한 경우	- (당해 교육과정의 시간당 수강료 × 불참한 교육시간수) × 10% 배상
- 예약시간 12시간 전 이후부터 예약시간까지의 사이에 불참을 통지한 경우	- (당해 교육과정의 시간당 수강료 × 불참한 교육시간수) × 20% 배상
- 예약시간 이후에 불참을 통지하거나 무단으로 불참한 경우	- (당해 교육과정의 시간당 수강료 × 불참한 교육시간수) × 50% 배상

44. 자동차 정비업(1개 업종)

자동차정비업	
분쟁유형	**해 결 기 준**
1) 정비잘못으로 인하여 해당부위 또는 관련부위에 하자가 재발한 경우 – 차령 1년 미만 또는 주행거리 2만km 이내 차량 : 최종 정비일로 부터 3월(90일) 이내 – 차령 3년 미만 또는 주행거리 6만km 이내 차량 : 최종 정비일로 부터 2월(60일) 이내 – 차령 3년 이상 또는 주행거리 6만km 이상 차량 : 최종 정비일로 부터 1월(30일) 이내	– 무상 수리
2) 정비의뢰 후 사업자의 보관상 과실로 인하여 벌과금 등이 소비자에게 부과된 경우	– 해당비용 보상
3) 수리하지 않은 내용을 청구하거나 사전에 고지하지 않은 부분을 수리하여 수리비를 청구하는 경우	– 해당금액 청구 취소
4) 정당한 사유의 통보 없이 약정한 날로부터 수리기간이 초과한 경우	– 초과기간에 대해서는 교통비 실비 제공
* 적용범위:관허 자동차정비업자 및 간이정비업자 · 자동차 관리법상 작업범위를 초과한 경우에는 관허정비업소의 수리비용을 부담한다. * 정비부위 또는 정비관련부위의 하자가 정비잘못으로 발생한 경우에만 정비업자 보증책임 – "정비잘못으로 인하여 해당부위 또는 관련부위에 하자부위가 재발한 경우"에 대한 판단여부는 사업자가 발급한 수리용 견적서를 기준으로 하되, 수리용 견적서를 발급하지 않은 경우에는 사업자가 입증책임을 짐. – 수리기간:초일을 산입하되 공휴일, 파업, 천재지변, 기타 불가항력으로 인한 수리지연기간은 제외됨. – 차량수리의뢰계약서 (견적서 등)에 기재된 날짜 기준	

45. 전자지급수단발행업(1개 업종)

전자지급수단발행업	
분쟁유형	**해결기준**
1) 사업자가 잔액에 대한 환급을 거부할 경우 – 선불전자지급수단인 경우 – 전자화폐인 경우	 – 기준금액의 80% 이상을 사용한 경우에는 잔액 환급 – 잔액의 100% 환급
2) 이용대금을 초과하여 인출된 경우	– 초과인출금액 재충전 또는 환급
– 선불 전자지급수단 및 전자화폐는 전자금융거래법상의 개념을 준용한다. – 기준금액은 최종충전 후의 잔액(최종충전 전의 잔액+최종충전금액)으로 함	

46. 정수기 등 임대업(1개 업종)

정수기등 임대업 (정수기, 공기청정기, 비데 등)(1-1)	
분쟁유형	**해결기준**
1) 사업자의 귀책사유로 인한 고장 · 훼손 및 손해 발생	- 무상수리 · 부품교환 및 손해배상
2) 사업자의 귀책사유로 인한 장애발생	
- 계약해지	- 등록비 상당의 손해배상금액을 소비자에게 반환, 소비자는 해지월의 실제 사용일까지의 사용기간에 비례하여 정산한 월임대료를 사업자에게 지급
- 계약지속시	- 장애발생 해당기간 사용료 면제 (기지불액 반환)
3) 소비자의 귀책사유로 인한 고장 · 훼손	- 소비자의 비용으로 사업자에게 수리 및 부품교환 요청
4) 소비자의 귀책사유로 인한 계약해지	
- 의무사용기간을 1년 이하로 정한 경우	- 의무사용기간의 잔여월 임대료의 30%에 해당하는 금액과 임대차기간 임대료 총합의 10%에 해당하는 금액 중 적은 금액 배상
- 의무사용기간을 1년 초과로 정한 경우	- 의무사용기간 잔여월 임대료의 10%에 해당하는 금액 배상
- 의무사용기간은 없고 임대차기간을 1년 이하로 정한 경우	- 임대차기간 잔여월 임대료의 30%에 해당하는 금액과 임대료 총합의 10%에 해당하는 금액 중 적은 금액 배상
- 의무사용기간은 있고 임대차기간을 1년 초과로 정한 경우	- 임대차기간 잔여월 임대료의 10%에 해당하는 금액 배상
5) 계약해지 후 사업자의 원상회복 불이행	- 계약해지 이후 사용료 면제
6) 허위 · 과장 권유에 의한 이용계약	- 계약해제

정수기 등 임대업 (정수기, 공기청정기, 비데 등)(1-2)		
분쟁유형	**해결기준**	**비고**
7) 필터 교체 및 A/S 지연	- 지연한 기간만큼 렌탈서비스요금 감액 단, 재발하는 경우(2회부터) 위약금 없이 계약해지	- 고객의 고의 또는 중과실로 인해 필터교체 및 A/S가 지연된 경우는 제외
8) 이물질 혼입 및 수질이상	- 제품교환 또는 위약금 없이 계약해지	- 필터하자로 인한 이물혼입 및 수질이상인 경우에는 필터 교체 단, 동일하자가 재발(2회 부터)하는 경우에는 제품교환 또는 계약해지

정수기 등 임대업 (정수기, 공기청정기, 비데 등)(1-3)		
분쟁유형	해결기준	비고
9) 부작용 또는 인체에 이상이 생겼을 경우 10) 렌탈서비스가 이루어지지 않고 청구된 요금	– 치료비 및 일실소득 배상 – 환급	– 일실소득: 피해로 인하여 소득상실이 발생된 것이 입증된 때에 한하며 금액을 입증할 수 없는 경우 시중 노임단가를 기준으로 함
– 사업자의 귀책사유란 적절한 성능유지의무, 물품의 하자보수 또는 관리의무를 불이행하거나 해태하는 등의 경우와 품질의 현저한 악화로 물품의 관리 및 유지가 곤란한 경우를 말한다. – 사업자에게 귀책사유가 있는 경우 소비자는 상당한 기간을 정하여 그 이행을 최고하고 그 후에도 사업자가 이행하지 아니한 경우에는 소비자는 위약금을 부담하지 아니하고 계약을 해지할 수 있다. – 사업자에게 귀책사유 등이 있어 의무불이행이 있는 경우 그 기간은 제외. 단, 사업자의 동의 없는 양도 등으로 인하여 물품의 관리 및 유지가 곤란한 경우는 설치등록비의 반환 제외		

47. 주차장업(2개 업종)

주차장업, 주차대행업		
분쟁유형	해결기준	비고
1) 자동차의 멸실 또는 훼손 2) 차내의 소지품을 관리자에게 보관한 경우 – 보관 받은 물품이 멸실 또는 훼손된 때	– 손해배상 – 손해배상	– 관리자가 선량한 관리자의 주의의무를 태만히 하지 아니 하였음을 증명한 경우를 제외한다.
3) 차내의 소지품을 관리자에게 보관하지 아니한 경우 ① 차내의 소지품이 주차한 차량과 함께 멸실 또는 훼손된 때	– 손해배상	– 관리자의 고의 또는 과실이 있는 경우에 한한다.
② 차내의 소지품만 멸실 또는 훼손된 때	– 손해배상	– 이용자가 그 종류와 가액을 명시하여 보관한 경우에 한한다.
4) 화폐 · 유가증권 기타의 귀중품의 도난 또는 훼손	– 손해배상	

48. 주택건설업(1개 업종)

주 택 건 설 업		
분쟁유형	해결기준	비고
1) 분양주택의 건축 및 설비상 하자발생 – 하자보수책임기간 이내 –하자보수책임기간 이후 2) 입주지정(예정)일정 경과한 공사완료로 인한 입주 지연시 3) 분양계약서상 공급면적 (전용면적+공용면적)과 공부상면적(건축물관리대장)과의 차이 발생시	 – 무상 수리 및 보수 – 유상 수리 및 보수 – 지체상금 지급 또는 주택 잔금에서 해당액 공제 – 부족면적에 대한 대금의 환급	 – 하자보수 책임기간은 공동주택관리령 등에 규정된 기간임. • 지체상금액=(계약금+중도금)×연체이율×입주지연일수/365

주택건설업		
분쟁유형	해결기준	비고
4) 입주자 동의 없는 분양주택의 저당권설정 등으로 인한 재산권침해 5) 분양주택에 사용된 자재 및 설비 등이 견본주택에 시공된 것과 품질 등에서 차이가 있는 경우	– 손해배상 또는 계약해제 – 설비대체 또는 차액 환급	• 지체상금액 중 계약금 포함은 '95.2.11. 이후 입주자 모집공고 승인부터 적용 – 환급액=공급면적 (계약서상) 단위가격× 부족면적(㎡)

49. 중고전자제품매매업(1개 업종)

중고전자제품매매업 (텔레비전, 냉장고, 세탁기, 컴퓨터 및 주변기기)		
분쟁유형	해결기준	비고
1) 판매업자가 보증한 기간 이내에 정상적인 사용상태에서 성능 · 기능상의 하자가 발생한 경우	– 무상수리 또는 수리비 보상 (단, 수리가 가능한 경우에는 구입가 환급)	– 보증여부, 보증기간 등은 개별계약에 따른다.
2) 판매업자가 품질보증에 관한 사항을 명시적으로 소비자에게 고지하지 않은 경우 – 보증기간(비고란에 정한 기간을 말함) 이내에 정상적인 사용상태에서 성능 · 기능상의 하자가 발생한 경우	– 무상수리 또는 수리비 보상(단, 수리가 불가능한 경우에는 구입가 환급)	– 보증기간을 소비자에게 명시적으로 고지하지않은 경우의 보증기간은 6개월로 한다.
– 보증기간(비고란에 정한 기간은 말함) 이내에 제품 주요기능과 관련한 동일하자로 총 2회까지 수리하였으나 하자가 재발하는 경우(3회째) 또는 여러 부위의 고장으로 총3회까지 수리하였으나 하자가 재발(4회째) 하는 경우	– 구입가 환급	

50. 중고자동차매매업(1개 업종)

중고자동차매매업		
분쟁유형	해결기준	비고
1) 매매의 알선을 하고 이전등록 신청대행의무를 이행하지 않거나 태만히 하여 피해가 발생한 경우	– 배상	
2) 매매 알선시 매도인이 부담하여야 할 비용(공과금 포함)을 매수인에게 전가하는 경우	– 배상	
3) 보증기간 이내에 중고자동차 성능 · 상태점검기록부에 기재된 내용과 자동차의 실제 성능 · 상태가 다르거나 하자가 발생한 경우 4) 중고자동차성능 · 상태점검기록부를 교부하지 않은 상태에서 하자가 발생한 경우 5) 판매업자가 일방적으로 계약의 해제를 요구하는 경우	– 무상수리 또는 수리비 보상 – 무상수리 또는 수리비 보상 – 계약금의 2배액 보상	※ 보증기간은 개별약정에 따른다. 단 보증기간은 30일 이상, 2천 킬로미터 이상이어야 하며 그 중 먼저 도래한 것을 적용한다.
6) 판매업자가 보증한 기간 이내에 보증을 약정한 부품에 하자 발생시	– 무상수리 또는 수리비 보상	※ 보증여부, 보증기간, 보증대상 부품은 개별약정에 따름

중고자동차매매업		
분쟁유형	해결기준	비고
7) 사고 또는 침수사실을 고지하지 않은 경우 8) 주행거리조작 9) 성능 · 상태점검 자격이 없는자 또는 성능 · 상태 점검장 이외의 장소에서 점검을 받아 성능 · 상태 점검 기록부를 교부한 상태에서 하자가 발생한 경우	– 구입가 환급 또는 손해배상 – 해약 또는 주행거리조작에 따른 손해배상 – 무상수리 또는 수리비 보상	– 사고, 침수사실 미고지시 보상기간은 자동차관리법상 성능점검 기록부 보관기간(1년)으로 함 – 성능상태점검 자격이 없는 자라 함은 자동차관리법 제66조 제1항의 각호에 해당하는 자를 말한다.

51. 창호공사업(1개 업종)

창호공사업		
분쟁유형	해결기준	비고
1) 시공상 하자(균열, 누수, 파손 등) – 하자보수 책임기간 이내 – 하자보수 책임기간 이후 2) 규격미달 3) 사업자의 귀책사유로 인한 계약해제 – 공사시작 전 – 공사시작 후 4) 소비자의 귀책사유로 인한 계약해제 – 계약 또는 실측만 한 경우 – 제작 또는 공사에 착수한 경우	 – 무상수리 – 유상수리 – 사업자의 책임하에 교체시공하거나, 시공비 차액 환급 – 선급금액 전액환급 및 총시공비의 10% 배상 – 대금정산 후 총시공비의 10% 배상 – 계약금을 위약금으로 하되 총시공비의 10%를 한도로 배상 – 실손해액 배상	– 대금정산 이라함은 소비자가 납부한 공사대금 중에서 사업자가 설치한 부분에 대한 비용 정산을 의미한다. – 실손해액은 사업자가 입증

52. 청소대행서비스업(1개 업종)

청소대행서비스업(1–1)		
분쟁유형	해결기준	비고
1) 서비스횟수가 1회인 경우 ① 사업자의 사정으로 인한 계약해제 – 청소예정일 7일전에 취소 – 청소예정일 3일전에 취소 – 청소예정일 1일전에 취소 – 청소예정일 당일 취소	 – 계약금 환급 – 계약금 환급 및 요금의 10% 배상 – 계약금 환급 및 요금의 20% 배상 – 계약금 환급 및 요금의 30% 배상	

청소대행서비스업(1-1)		
분쟁유형	해결기준	비고
② 소비자의 사정으로 인한 계약해제 – 청소예정일 7일전에 취소 – 청소예정일 3일전에 취소 – 청소예정일 1일전에 취소 – 청소예정일 당일 취소	 – 계약금 환급 – 요금의 10% 공제 후 환급 – 요금의 20% 공제 후 환급 – 요금의 30% 공제 후 환급	
③ 광고와 서비스 내용이 다른 경우(인원, 첨단장비, 사후서비스 등)	– 계약해제 및 전체이용요금의 30% 배상	
④ 서비스 이행을 위해 소비자를 방문하였으나 주소불명 또는 연락두절로 인해 서비스를 이행하지 못한 경우	– 요금의 30% 공제 후 환급 또는 서비스의 재이행	– 주소불명, 연락 두절로 서비스를 이행하지 못했음에 대한 입증은 사업자가 한다.
⑤ 서비스 이행중 가전제품, 가구, 생활용품 등을 파손 또는 훼손한 경우	– 손해배상	

청소대행서비스업(1-2)		
분쟁유형	해결기준	비고
2) 서비스횟수가 2회 이상 또는 기간제인 경우 ① 사업자의 사정으로 인한 계약해제 또는 해지 – 서비스개시 이전 – 서비스개시 이후	 – 계약금 환급 및 총 이용금액의 10% 배상 – 해지일까지의 이용횟수에 해당하는 금액 공제 후 환급 및 이용 금액의 10% 배상	– 서비스일수(기간제)로 계약한 경우 이용일수에 해당하는 금액 공제 후 환급 – 단 연락이 두절되거나, 전화번호 오류 등으로 인해 연락을 취하지 못해 서비스가 연기된 경우, 연기된 기간은 지연기간에 포함시키지 않음
② 소비자의 사정으로 인한 계약해제 또는 해지 – 서비스개시 이전 – 서비스개시 이후	 – 총 이용금액의 10% 공제후 환급 – 해지일까지의 이용횟수에 해당하는 금액과 총 이용금액의 10% 공제 후 환급	
③ 광고와 서비스 내용이 다른 경우(인원, 첨단장비, 사후서비스 등)	– 계약해지 및 미이용요금 환불과 전체이용요금의 10% 배상	– 주소불명, 연락두절로 서비스를 이행하지 못했음에 대한 입증은 사업자가 함
④ 서비스 이행을 2일 이상 지연	– 손해배상	
⑤ 3회 이상 서비스 이행을 지연할 경우	– 지연된 해당 서비스 이용요금의 50% 환급	
⑥ 서비스 이행을 위해 소비자를 방문하였으나 주소불명 또는 연락두절로 인해 서비스를 이행하지 못한 경우	– 계약해지 및 미이용요금 환불과 전체이용요금의 10% 배상	
⑦ 서비스 이행중 가전제품, 가구, 생활용품 등을 파손 또는 훼손한 경우	– 미이행된 서비스 재이행 또는 미이행된 서비스에 해당하는 요금에서 30% 공제후 잔액 환급	

53. 체육시설업 및 레저용역업(3개 업종)

체육시설업, 레저용역업, 할인회원권업(1-1)		
분쟁유형	**해결기준**	**비고**
1) 제공된 물품 또는 용역이 계약내용과 다른 경우	– 계약해제	– 체육시설의설치 · 이용에 관한 법률 제19조 및 동법 시행령 제18조의 규정에 의한 「회원제체육시설업」제외 • 회원제 골프장업, 스키장업, 요트장업, 회원제종합체육시설업 – 개시일이란, 계약 내용이 이용횟수로 정하여진 경우에는 최초이용일, 기간으로 정하여진 경우에는 기간이 시작되는 초일을 말함.
2) 시설고장, 정원초과 등으로 당해 시설물을 이용할 수 없는 경우	– 환급 또는 동급의 타 시설물로 이용대체	
3) 신체상 피해발생	– 배상액 배상	
4) 사업자의 귀책사유로 인한 계약해제 – 개시일 이전	– 전액환급 및 총이용 금액의 10% 배상	
– 개시일 이후	– 취소일까지의 이용 일수 해당 금액 공제한 금액 환급 및 총이용금액의 10% 배상	

체육시설업, 레저용역업, 할인회원권업(1-2)	
분쟁유형	**해결기준**
5) 소비자의 귀책사유로 인한 계약해제	
–개시일 이전	– 총이용금액의 10% 공제 후 환급
–개시일 이후	– 취소일까지의 이용일수에 해당 하는 금액과 총이용금액의 10% 공제 후 환급

ㅇ 사은품 반환
- 소비자의 귀책사유로 인한 중도 해지시
  - • 사은품 미사용시 : 해당 사은품 반환
  - • 사은품을 사용시 : 해당 사은품과 동종의 상품으로 반환하거나 동종 상품의 시중가격 또는 계약서상에 기재된 해당 사은품의 가격에서 손율 등에 따른 금액을 지급하고 반환.(단, 단순포장개봉은 사은품 사용으로 보지 아니한다.)
  - • 계약서상에 해당 사은품의 품목 또는 가격이 기재되어 있지 않은 경우: 현존상태로 반환
- 사업자의 귀책사유로 인한 계약해제 · 해지시: 사업자에게 사은품 반환하지 않음

ㅇ 체육시설업 : 수영장, 체력단련장,테니스장, 대중종합체육시설업, 골프연습장 등

ㅇ 레저용역업 : 이벤트 주관, 주말농장,영화예매 등

ㅇ 할인회원권업 :여러업종의판매업소를가맹점으로 확보한후,회원을 모집하고일정금액의 회비를 받아 운영하는업종

54. 초고속 인터넷통신망 서비스업(1개 업종)

초고속 인터넷통신망 서비스업		
분쟁유형	해결기준	비고
1) 법정대리인의 동의 없는 미성년자 계약 2) 임대된 모뎀 등 장비의 불량으로 2회 이상 수리하였으나 하자(3회째)가 재발할 경우 3) 1시간 이상의 서비스장애가 월 3회 이상 발생한 경우 또는 1개월 동안의 서비스 장애 누적시간이 48시간 이상 발생한 경우 4) 3시간 이상 또는 월별누적시간 12시간을 초과하여 서비스 중지 또는 장애로 인한 피해	– 계약취소 – 임대된 장비 교환 – 위약금(가입시 면제한 설치비 및 할인혜택 포함) 없이 계약해지 – 손해배상	기 납부한 요금을 환급하고 미납요금 및 잔여 위약금에 대한 청구행위 금지 서비스 중지 · 장애 시간은 소비자가 회사에 통지한 후 부터 계산하되, 서비스가 불가항력(천재지변 등)이나 업체의 사전고지(회선공사 등), 소비자의 고의 · 과실로 인하여 중지되거나 장애가 발생한 경우에는 서비스 중지 · 장애시간 계산에서 제외 손해가 천재지변 등 불가항력이나 소비자의 고의 또는 과실로 인하여 발생한 경우에는 배상 에서 제외하고, 서비스 중지 또는 장애시간은 소비자가 회사에 통지한 후부터 계산
– 손해배상액은 서비스 중지 또는 장애시간에 대하여 최근 3개월(3개월 미만인 경우 해당 기간 적용)의 1일 평균요금에 서비스제공 중지 또는 장애시간을 24로 나눈 수를 곱하여 산출한 금액의 3배로 함		
5) 설치지연 6) 계약기간 이내에 서비스가 안 되는 지역으로 이사할경우 7) 계약기간이 자동연장된 경우 고객의 계약기간 만료전 해지 8) 이전지역 상품의 속도가 초기 계약상품 속도의 50%에 못 미치는 경우	– 예약취소 – 위약금 없이 계약해지 위약금 없이 계약 해지 – 소비자는 위약금의 50% 지불 후 계약해지	– 해당업체의 확인시 – 해외이주, 장기 유학(1년 이상의 유학)의 경우 관련 자료 제출시 위약금 없이 계약해지(단, 할인 혜택금액은 반납)

55. 통신결합상품(1개 업종)

통신결합상품		
분쟁유형	해결기준	비고
1) 사업자의 책임 있는 사유로 인한 계약 해제 · 해지 ① 약관에서 정하고 있는 최저속도 보장 기준 미달로 인한 해제 · 해지 사유 발생시	– 결합 계약 해지(해당개별서비스 계약 해지 포함) 및 합해지위약금(해당개별서비스 위약금 포함) 면제	※ 경품에 대한 위약금은 경품의 가액을 계약서에 명시한 경우에만 청구할 수 있음. 경품으로 인한 위약금의 부과기간은 최대 12개월임

통신결합상품		
분쟁유형	해결기준	비고
② 각각의 서비스 항목에서 규정한 장애 시간 또는 장애 횟수 초과로 해제 · 해지 사유 발생시 ③ ①,②의 경우에 소비자가 잔여기간 동안 나머지 서비스를 계속적으로 유지하기를 원하는 경우 2) 소비자가 일부 서비스 불가능 지역으로 이사하는 경우	– 결합 계약 해지(해당개별서비스 계약 해지 포함) 및 결합 해지 위약금 (해당개별서비스 위약금 포함) 면제 – 잔여 결합상품의 할인율을 잔여 계약 기간 동안 계속 제공 – 결합 계약 해지(해당개별서비스 계약 해지 포함) 및 결합해지 위약금 (해당개별서비스 위약금 포함) 면제	※ 결합계약 해지위약금 면제시에 문제가 발생하지 않은 나머지 개별서비스의 해지위약금은 면제되지 않는다.

56. 택배 및 퀵서비스업(1개 업종)

택배 및 퀵서비스업 (1-1)	
분쟁유형	해결기준
1) 운송 중 전부 또는 일부 멸실된 때 2) 훼손된 때 – 수선이 가능한 경우 – 수선이 불가능한 경우	– 운임 환급 및 운송장에 기재된 운송물의 가액을 기준으로 산정한 손해액 지급 – 무상수리 또는 수리비 보상 – 멸실된 때의 보상기준 적용
3) 택배의 배달지연으로 인한 피해 – 일반적인 경우 – 특정일시에 사용할 운송물의 경우	 – 인도예정일을 초과한 일수에 사업자가 운송장에 기재한 운임액 (이하 '운송장기재운임액')의 50%를 곱한 금액(초과일수×운송장기재운임액×50%)배상. 다만, 운송장기재운임액의 200%를 한도로 함 – 운송장 기재 운임액의 200% 배상
※ 소비자가 운송장에 운송물의 가액을 기재하지 아니한 경우 ① 전부 멸실된 때에 인도 예정일의 인도 예정장소에서의 운송물가액을 기준으로 산정한 손해액 지급 ② 일부 멸실된 때는 인도일의 인도 장소에서의 운송물 가액을 기준으로 산정한 손해액 지급 ※ 소비자가 운송장에 운송물의 가액을 기재하지 않은 경우에는 사업자의 손해배상은 다음 각호에 의함. 손해배상한도액은 50만원으로 하되, 운송물의 가액에 따라 할증요금을 지급하는 경우의 손해배상한도액은 각 운송가액 구간별 운송물의 최고가액으로 함	

택배 및 퀵서비스업 (1-2)		
분쟁유형	해결기준	비고
4) 퀵서비스 사업자 귀책의배달지연으로 인한 피해 - 배송물이 인도예정시간의 50% 이상을 초과하여 수하인에게 인도될 때 - 특정시각에 사용할 배송물이 인도예정시간을 초과하 여 수하인에게 인도됨으로써 특정 시각에 사용할 수 없게 된 경우	- 고객에게 배송비용의 100%에 해당되는 금액을 환급 - 배송장에 기재된 배송비용의 200%를 지급	- 부재중 방문표를 투입하고 송하인에게 연락하는 등 충분한 후속조치를 취한 경우에는 면책
5) 인수자 부재시 후속조치 미흡으로 인한 피해	- 운임환급(선불시) 및 손해배상	

57. 학원운영업 및 평생교육시설운영업(2개 업종)

학원운영업, 평생교육시설운영업	
분쟁유형	해결기준
1) 사업자가 다음의 부당행위를 하였을 때 수강자가 이 사실을 안 후 지체 없이 계약해제 요구 ① 허위 · 과장광고에 의한 수강계약 체결 ② 정원을 초과한 수강생 모집 및 교습 ③ 무자격 또는 자격미달강사에 의한 교습(단, 강사의 자격기준은 학원법, 평생교육법 등 관련법령에 의함)	 - 계약해제 및 수강료 전액환급 〃 〃
2) 사업자가 위 각호의 부당행위를 하였을 때 수강자가 계속 수강하다가 계약해제 요구	- 잔여기간에 대한 수강료 환급(일할계산)
3) 수강기간도중 학원인가 또는 등록취소, 일정기간 교습정지 등 행정처분이나 학원의 이전, 폐강, 기타 사업자의 사정으로 인한 수강불능	- 잔여기간에 대한 수강료 환급(일할계산하여 사유발생일로부터 5일 이내에 환급) - 기 납부한 수강료 전액 환급
4) 소비자의 귀책사유로 인한 계약해제 및 해지 ① 교습개시 전 ② 교습개시 후 • 수강료징수기간이 1월 이내 - 총 교습시간의 1/3 경과 전 - 총 교습시간의 1/2 경과 전 - 총 교습시간의 1/2 이후 • 수강료징수기간이 1월 초과	 - 수강료의 2/3 해당액 환급 - 수강료의 1/2 해당액 환급 - 미환급 - 반환사유가 발생한 당해 월의 반환 대상 수강료(수강료 징수기간이 1월 이내인 경우에 따라 산출된 수강료를 말한다.)와 나머지 월의 수강료전액을 합산한 금액
※정보통신기술 등을 용하여 원격으로 교습하는 경우 적용	

58. 휴양콘도미니엄업(1개 업종)

휴양콘도미니엄업		
분쟁유형	해결기준	비고
1) 제공된 용역이 계약내용과 다른 경우 2) 이용예정일 경과 후 공사 완공으로 인한 이용지연 3) 부당한 이용료 징수	– 계약해제 – 이용 예정일로부터 실 이용 가능일까지의 지연일수에 해당하는 지연보상금 배상 – 차액환급	– 지연보상금 =(계약금+중도금)×지체이율×(이용지체일수÷365)

품목별 품질 보증기간 및 부품 보유 기간

※ 부품보유기간의 기산 : 사업자가 해당 제품의 생산을 중단한 시점

품목	품질보증기간	부품보유기간
1. 자동차	• 차체 및 일반부품:2년 이내. 다만, 주행거리가 4만㎞를 초과한 경우에는 기간이 만료된 것으로 함 • 원동기(엔진) 및 동력전달장치:3년 이내. 다만, 주행거리가 6만㎞를 초과한 경우에는 기간이 만료된 것으로 함.	• 8년(단, 성능 · 품질상 하자가 없는 범위내에서 유사부품 사용가능)
2. 모터싸이클	• 1년 이내. 다만, 주행거리가 1만㎞를 초과한 경우에는 기간이 만료된 것으로 함	• 3년(단, 성능 · 품질상 하자가 없는 범위에서 유사부품 사용가능)
3. 보일러	• 2년	• 7년
4. 농 · 어업용기기 1) 농업용기기 2) 어업용기기	• 원동기 및 동력전달장치 : 2년 단, 주행거리가 5천㎞ 또는 사용시간이 총 1천시간(콤바인의 경우에는 400시간)을 초과한 경우에는 기간이 만료된 것으로 함 • 기타 장치 : 1년 단, 주행거리가 2천500㎞ 또는 사용시간이 총 500시간(콤바인의 경우에는 200시간)을 초과한 경우에는 기간이 만료된 것으로 함 • 1년	• 9~14년 (농업용기기에 따라 내용연수 포함하여 4년까지 생산 · 공급. 다만, 성능 품질상 하자가 없는 범위내에서 유사부품 사용 가능)

품 목	품 질 보 증 기 간	부품보유기간
5. 가전제품, 사무용기기, 전기통신기자재, 광학기기, 주방용품 1) 완세품 – 에어컨	• 2년	• 7년
– 시스템에어컨	• 1년	• 7년
– 난로(전기, 가스, 기름), 선풍기, 냉풍기, 전기장판	• 2년	• 5년
– TV, 냉장고,	• 1년	• 8년
– 전축, 전자렌지 정수기, 가습기, 제습기, 전기청소기	• 1년	• 7년
– 세탁기, 비디오플레이어, DVD플레이어, 전기(가스)오븐, 비데, 전기압력밥솥, 가스레인지, 유 · 무선전화기, 믹서기, 전기온수기, 냉온수기, 캠코더, 홈시어터, 안마의자, 족욕기, 망원경, 현미경	• 1년	• 6년
– 네비게이션, 카메라, 디지털피아노	• 1년	• 5년

품목	품질보증기간	부품보유기간
– 퍼스널컴퓨터(완성품) 및 주변기기, 노트북 PC, 휴대폰, 스마트 폰, 휴대용 음향기기(MP3, 카세트,CD플레이어)	• 1년	• 4년
– 전기면도기, 전기조리기기 (멀티쿠커, 튀김기, 다용도식품조리기, 전기토스터, 전기냄비, 전기프라이팬 등), 헤어드라이어	• 1년	• 3년
– 복사기	• 6개월, 다만, 복사 매수가 복사기종 에 따라 각각 3만매(소형), 6만매(중형), 9만매(대형)를 초과한 경우에는기간이 만료된 것으로 함	• 5년
– 신발	– 가죽제품(가죽이 전체 재질의 60% 이상): 1년 – 천 등 그 외의 소재: 6개월	
– 우산류	• 1개월	
– 전구류	• 1개월	
2) 핵심부품 – 에어컨 : 콤프레서 – LCD TV, LCD 모니터(단, LCD 노트북 모니터는 제외), LCD 패널	 • 4년 • 2년(단, 소비자가 확인 가능한 타이머가 부착된 제품으로 5,000시간을 초과한 경우에는 기간이 만료된 것으로 함)	
– PDP TV 패널	• 2년(단, 소비자가 확인 가능한 타이머가 부착된 제품으로 5,000시간을 초과한 경우에는 기간이 만료된 것으로 함)	
– LED TV패널	• 2년	
– 세탁기 : 모터,TV : CPT, 냉장고 : 콤프레서,모니터 : CDT, 전자렌지 : 마그네트론, VTR : 헤드드럼, 비디오카메라 : 헤드드럼, 팬히터 : 버너, 로터리히터 : 버너	• 3년(단, 모니터용 CDT의 경우에는 소비자가 확인 가능한 타이머가 부착 된 제품으로서 10,000시간을 초과한 경우에는 기간이 만료된 것으로 함)	
– 퍼스널컴퓨터 : Mother Board	• 2년	
6. 별도의 기간을 정하지 않은 경우	• 1년	• 5년
– PDP TV 패널	• 2년(단, 소비자가 확인 가능한 타이머가 부착된 제품으로 5,000시간을 초과한 경우에는 기간이 만료된 것으로 함)	

품목	품질보증기간	부품보유기간
– LED TV패널	• 2년	
– 세탁기 : 모터, TV : CPT, 냉장고 : 콤프레서, 모니터 : CDT, 전자렌지 : 마그네트론, VTR : 헤드드럼, 비디오카메라 : 헤드드럼, 팬히터 : 버너, 로터리히터 : 버너	• 3년(단, 모니터용 CDT의 경우에는 소비자가 확인 가능한 타이머가 부착된 제품으로서 10,000시간을 초과한 경우에는 기간이 만료된 것으로 함)	
– 퍼스널컴퓨터 : Mother Board	• 2년	
6. 별도의 기간을 정하지 않은 경우	• 1년	• 5년

품목별 내용연수표

품목	내용연수
농업용기기	14년
침대, 책상, 장롱, 장식장, 책장	8년
보일러, 에어컨, TV, 전축, 냉장고, 정수기, 가습기/제습기, 전기청소기, 식탁, 신발장, 문갑, 전자렌지	7년
비디오플레이어, DVD 플레이어, 전기(가스)오븐, 비데, 전기압력밥솥, 가스레인지, 유·무선전화기, 믹서기, 전기온수기, 냉온수기, 캠코더, 홈시어터, 안마의자, 족욕기, 망원경, 현미경, 자동차, 소파, 화장대, 찬장	6년
선풍기, 냉풍기, 전기장판, 세탁기, 모터싸이클, 카메라, 디지털피아노, 네비게이션, 난로(전기, 가스, 기름)	5년
퍼스널 컴퓨터(완성품) 및 주변기기, 노트북PC, 휴대용음향기기(MP3, 카세트, CD 플레이어)	4년
휴대폰, 전기면도기, 전기소리기기(멀티쿠커, 튀김기, 다용도식품조리기, 전기토스터, 전기냄비, 전기프라이팬 등), 헤어드라이어	3년
별도의 기간을 정하지 않은 경우	5년

소비자 피해 구제 신청서

신청인 (소비자)	**성 명**		**성 별**	①남 ②여	**생년 월일**	년 월 일
	직 업	① 봉급생활자 ② 자영업자 ③ 농어민 ④ 주부 ⑤ 학생 ⑥ 무직 · 기타				
	주 소					
	연락처	(휴대폰)	(직장)		(자택)	
대리인	**성 명**		**신청인과의 관계**			
	주 소					
	연락처	(휴대폰)	(직장)		(자택)	
피신청인1 (사업자1)	**상 호**		**대표자**		**담당자**	
	주 소					
	연락처	(전화)	(팩스)			
피신청인2 (사업자2)	**상 호**		**대표자**		**담당자**	
	주 소					
	연락처	(전화)	(팩스)			
거래내용	**구입상품**		(모델)		(제조 · 공급사)	
	구입일 (계약일)	년 월 일	**구입액 (계약액)**	원	**지급액**	원
	구입 방법	① 일반판매 ②방문판매 ③ 통신판매 ④ 전자상거래 ⑤ TV홈쇼핑 ⑥ 기타( )				
	결제 방법	① 현금 ② 신용카드(일시불, 할부) ③ 할부금융 ④ 휴대폰결제 ⑤ 기타( )				

1. 상담(피해) 내용 – 가급적 6하 원칙에 따라 작성

2. 사업자의 답변 및 잘못한 사항 – 계약서, 영수증, 내용증명, 수리내역서 등 사본, 물품, 사진 등 입증자료 첨부

3. 소비자 요구사항 – 분쟁해결기준에 의거한 수리, 교환, 환급, 계약해제(이행),배상 등

년 월 일

한국소비자원장 귀하

위 임 장

<table>
<tr><td rowspan="3">대리인
(대표당사자)</td><td>성명</td><td>㊞</td><td>생년월일</td><td></td></tr>
<tr><td>e-mail</td><td></td><td>전화번호</td><td></td></tr>
<tr><td>주소</td><td colspan="3"></td></tr>
</table>

본인은 이 사건과 관련하여 위 사람을 대리인(대표당사자)로 선임하고, 한국소비자원에 대한 피해구제 신청, 자료제출 및 의견진술, 사업자와의 합의, 신청 취하 등 동 건과 관련된 일체의 모든 행위를 할 수 있는 권한을 위임합니다.

<table>
<tr><td rowspan="4">본인1</td><td>성명</td><td>㊞</td><td>위임날짜</td><td></td></tr>
<tr><td rowspan="2">생년월일</td><td rowspan="2"></td><td>전화번호</td><td></td></tr>
<tr><td>대리인과의 관계</td><td></td></tr>
<tr><td>주소</td><td colspan="3"></td></tr>
<tr><td rowspan="4">본인2</td><td>성명</td><td>㊞</td><td>위임날짜</td><td></td></tr>
<tr><td rowspan="2">생년월일</td><td rowspan="2"></td><td>전화번호</td><td></td></tr>
<tr><td>대리인과의 관계</td><td></td></tr>
<tr><td>주소</td><td colspan="3"></td></tr>
<tr><td rowspan="4">본인3</td><td>성명</td><td>㊞</td><td>위임날짜</td><td></td></tr>
<tr><td rowspan="2">생년월일</td><td rowspan="2"></td><td>전화번호</td><td></td></tr>
<tr><td>대리인과의 관계</td><td></td></tr>
<tr><td>주소</td><td colspan="3"></td></tr>
</table>

한국소비자원장 귀하

※ 위 위임장은 신청인을 대신하여 피해구제를 신청하거나, 집단사건(피해소비자 수 50명 이상)은 아니지만 다수 당사자가 신청인인 경우 대표당사자를 정하여 피해구제를 신청하는 경우에 작성함.

저 / 자 / 소 / 개

허 영 희

■ 주요학력 및 경력

- 법학박사
- (현)한국국제대학교 경찰행정학과 교수
- (현)여성가족부전문강사연합회 상임대표
- (현)경상남도 소청심사위원
- (현)경상남도 지방노동위원회 차별시정 공익위원
- (현)하동군 리더스 스쿨 학장
- (전)한국성희롱예방교육전문강사협회 회장

■ 주요 실적

▶ 컨텐츠 개발

- 교육과학기술부 e-Learning 생활법률 컨텐츠 개발(2005~2013)
- 경찰청, 직장내 성희롱예방교육 사이버 컨텐츠 개발(2011)
- 경찰청, '성폭력 바로 알기' 강의 동영상 전국경찰서 보급(2013)

▶ 저서

- 『알아두면 유익한 소비자 보호 관련 법규』(비앤엠북스), 『알아두면 유익한 생활법률』(비앤엠북스), 『민법총치』(비앤엠북스), 『경찰행정법』(경찰고시연구원), 『생활법률』(법문사), 『교통사고와 법』(법문사) 등 다수

▶ 논문

- '형의 집행 및 수용자의 처우에 관한 연구', '성범죄자 신상공개에 관한 소고', '청소년 대상 성범죄 예방을 위한 법률적 제언', '자치경찰제도 및 경찰의 수사권 독립방향에 관한 소고','민간경비원의 조직공정성과 이직의도에 관한 연구', '매매계약상 위험이전에 관한 연구' 등 다수

■ 연락처

- 055. 751. 8393
- threebug@hanmail.net

저자와의
협의하에
인지생략

알아두면 유익한 **소비자 분쟁 해결 실무**

2013년 9월 2일 초판 인쇄
2013년 9월 10일 초판 1쇄 발행

저 자 : 허 영 희
발행인 : 정 광 식
발행처 : **비앤엠 북스**
서울특별시 금천구 가산디지털1로70 B1-103
등 록 2004. 12. 29. / 제313-2004-00298호
전 화 2627-5710~13, 팩스 2627-5720
홈페이지 www.대학교재.net
이 메 일 bnmbook@daum.net

정가 15,000원 ISBN 978-89-6821-010-5